# La Escritura Demencial

# LA ESCRITURA DEMENCIAL

Víctor Hugo P. Gallo

www.egarbook.com

Primera edición: Septiembre 2016.
©Todos los derechos de edición reservados.
Editorial Egarbook
www.egarbook.com

Autor: Víctor Hugo P. Gallo.
Colección: Novela.
Imagen de portada: Istockphoto.
Maquetación: ©Egarbook.
Diseño de cubierta: ©Egarbook.

ISBN: 978-84-945903-0-6

IMPRESIÓN: Liberis.

Todos los derechos de este libro están reservados, no se puede reproducir de forma parcial ni total en ningún formato sin la autorización expresa y por escrito del autor o editor. Esta publicación está sujeta a los términos legales correspondientes. Para solventar cualquier duda póngase en contacto con el editor.

IMPRESO EN ESPAÑA

*"Las aguas se levantaban, la Tierra se volvió oscura, las serpientes del océano baten el agua. Las Colinas de piedra se estrellaban unas con otras. La Tierra se hundió en el océano. Las brillantes estrellas se cayeron del cielo. El fuego se levantó hasta el cielo mismo."*

Norse Edda

*Amasaré la sangre y haré que haya huesos. Crearé una criatura salvaje, 'hombre' se llamará. Tendrá que estar al servicio de los dioses, para que ellos vivan sin cuidado.*

*Enumaelish*

En la Leyenda de la Creación babilónica, podemos leer:
*Hombres con cuerpos de pájaros de los desiertos, seres humanos con las caras de cuervos, a éstos, los dioses crearon, y en la Tierra los dioses crearon para ellos una morada... en el medio de la Tierra donde crecieron y se volvieron grandes, y se incrementaron en número.*

Anónimo

# A modo de Prólogo perdido

"*Conozco cantos que la mujer del rey no conoce, ni el hijo del hombre.*

*El primero se llama ayuda, pues te ayudará en las luchas y preocupaciones.*

*Con el segundo sé lo que piden los hijos de los hombres, que quieren vivir como sanguijuelas.*

*Por el tercero sé, si tengo gran necesidad, de reprimir a mis enemigos, amortiguo el filo de las armas de mi adversario.*

*Ni las armas ni las trampas pueden perjudicarme.*

*Con el cuarto sé si los hombres atan mis miembros, canto de tal forma que puedo andar; las trabas se escapan de mis pies,*

*y los grilletes de mis manos.*

*Con el quinto sé, y adivino la flecha volando desde una mano hostil,*

*una flecha volando en medio del ejército;
no puede volar tan deprisa que no pueda pararla, si simplemente la veo.*

*Con el sexto sé que si alguien me hiere con la raíz de un árbol verde,*

*y también si un hombre me declara su odio,*

*el mal los destruirá más rápido que a mí..."*

*Invocación escrita en el* **Libro de los Mineros***, último folio (Codex III) hallado luego de su desaparición, también transcrita, desgraciadamente, en las* **Eddas***. Que Sagarot, mi Dios, el Único, nos proteja del Mal.*

[1]**Breve Compendio de la existencia cronológica del Libro de los Pazyryk (Пазырык), o Libro de los Mineros.**[2]

---

[1]   Estas páginas son fragmentos de una especie de bloc de notas o diario de campo del profesor de antropología comparada Dr. V. Ruiz de la Vega. Hallado en su cuarto después de su suicidio en extrañas circunstancias. Estaba medio quemado, por lo que poco pudo recuperarse. El resto de las notas a pie de página son de su propia mano.

[2]   Este título ha sido traducido del ruso antiguo de la portada del incunable xilográfico al que se hace referencia y que estaba situado en la **Sección de Libros de Donación del Campo Socialista** en la Biblioteca del Instituto Superior Minero Metalúrgico de Moa. (nota manuscrita al borde de la hoja por el autor, de ahora en adelante todas las referencias a pie de página tienen este origen).

*He hallado algunos de estos interesantes datos en un incunable, titulado con el curioso nombre de* **Compendio de libros de magia negra y heréticos del orbe**[3], *descubierto casualmente cuando indagaba por el* **Index librorum prohibitorum**, *edición El Vaticano, de 1948. Por lo que pude determinar que es indudable que en la antigüedad "El libro de los Mineros" fue un libro bastante notorio entre los seguidores de ciertos ritos oscuros o practicantes de magia negra, aunque estoy seguro que muchos nunca lo llegaron a ver, solo trabajaron con referencias suyas, con copias apócrifas.*

*Allí se menciona un ejemplar guardado celosamente en el Archivo Secreto Vaticano, consistente en un grimorio de tapas oscuras y gruesas, encadenado a una sola mesa con un inmenso candado cuya llave en forma de cruz gnóstica(Anj copto) cuelga siempre del cuello del Papa reinante; si cualquiera mira detenidamente las pinturas de los Papas elegidos en los últimos dos mil años se ve claramente la llave dorada, acompañando perennemente a la tiara y formando parte de la iconografía del escudo papal, ¿Qué secretos guarda ese libro?, ¿Qué horribles abismos profundos puede abrir? ¿Qué horribles verdades nos dirían a la humanidad? Nunca lo sabremos. Lo tuve en mis manos una sola vez y no puedo recordarlo sin estremecerme, un tomo polvoriento, rasposo, agrietado, la portada hecha de una piel basta, es-*

---

[3] Escrito en castellano antiguo.

crito el título en caracteres cirílicos a relieve y medio desencuadernado. Aquella última tarde de invierno solo pude hojearlo brevemente, una simple ojeada antes de su desaparición. Apenas trascribí unas pocas páginas pero sé que el mal estaba allí: era un sentimiento casi físico, punzante y doy gracias que alguien lo haya robado, espero que también destruido, si es que el conocimiento oscuro se puede asolar. Cuando lo toqué por primera vez sentí que la piel se retorcía bajo mis manos, perdí la fuerza cuando lo levanté a la luz, de un momento a otro su peso descomunal me iba a hacer caer de rodillas. Lo puse en la mesa y le di la espalda. Una especie de huida supongo. Pero ahora está extraviado. Espero que para siempre. De todas formas quiero saber: ¿cuál es el origen del libro maldito? He investigado. Dejo plasmadas aquí mis cortas impresiones.

El término Пазырыкес es intraducible, pero mi amigo, el Catedrático Mario Andrés, filólogo especializado en antiguas lenguas eslavas, dice que podemos acercarnos a él como el nombre que le daban a un antiguo pueblo nómada y pastoril, que vivió cerca de lo que actualmente es la ciudad de Novosibirsk, en los montes Altai y del que Herodoto habló en sus libros. Aunque está escrito en un alfabeto glagolítico se puede decir que sus miembros eran pastores guerreros que, de repente, según los arqueólogos soviéticos, tuvieron un salto en su evolución y desarrollaron una sofisticada herrería del hierro en medio de la Edad de Bronce, hecho insólito en esa remota época. *Una de sus actividades económicas principales era la minería, por lo que el nombre de su etnia podría traducirse como "los progenitores de la mina" o "padre de los mineros". Lo curioso es que este salto evolutivo fue de repente, como si alguien o algo, les hubiera enseñado técnicas metalúrgicas sofisticadas, sus armas y herramientas tenían un perfeccionamiento superior al de las tribus colindantes. En sus tumbas se han hallado agujas de tatuar que se podrían usar hoy en día por su fineza. Se comenta que los ritos y deidades cuyos cultos están contenidos en el terrible* **Libro de los Mineros** *eran parte fundamental de su religión. Le he seguido el rastro al libro desde la más remota antigüedad hallando muchas huellas sobre su existencia y sobre su uso en las más disímiles fuentes. He tratado de construir una cronología del libro, pero los datos recogidos son equívocos respecto a las fechas y se contradicen no pocas veces, por tanto los tiempos expuestos aquí son tentativos ya que no están especificados en los textos donde hallé los comentarios, han sido de suma ayuda para completar los datos la* **Enciclopedia Británica**, *la excelente edición de 1911;* **La magia suprema negra, roja e infernal de los caldeos y de los egipcios**, *de Sufurino, Roma, 1910;* **Sommerfeld: Bemerkungenzur Dialektgliederung Altakkadisch, Assyrischund Babylonisch. In: Alter Orientund Altes Testament**, *Magderburg, 1919 y* **Babylonian influencia on The Biblia and popular creencia: "Tĕhôm and Tiâmat", "hades** *and satán": a comparativo Study of Genesis de Palmer, Abram Smythe, 1887.* He comentado algunos de los fragmentos basándome en otras fuentes modernas. Las he resumido y cito a continuación:

- 627 a. C. Mencionado en el poema épico **Enûma Elish** escrito en una de las tablillas de caracteres cuneiformes halladas por los arqueólogos en los restos de la Biblioteca de Assurbanipal. Llamado en el poema "Libro de los mineros de la locura", o "Libro de los extractores de la demencia", según la traducción de acadio. Allí se describe como Sargón de Akkad, en una de sus incursiones al norte, lo robó de una de las tribus que vivían "donde nunca se ve el sol" y lo trajo a su ciudad de Akkad. En la batalla de Uruk (aproximadamente hacia el año 2271 a. C.) Sargón venció al terrible ejército de Lugalzagesi, pasando a dominar el territorio de lo que hoy conocemos como Mesopotamia. Se menciona la terrible prohibición de leerlo en voz alta en lugares públicos y la interdicción de su acceso exceptuando el Mago Principal de la corte (murió terriblemente calcinado), o el Astrólogo del Rey (luego decapitado por la Guardia Real). Según el poema épico los textos que contiene el libro los trascribió de una lengua extinta al acadio un oscuro sacerdote llamado Akki, descrito en las leyendas como el preceptor del futuro rey Sargón, también llamado Sharrum-kin, "rey verdadero". Se dice que Akki pasó cuarenta días y cuarenta noches en el desierto mesopotámico y que el mismo Kingu, Dueño de las tabletas del destino, se lo dictó para que los hombres tuvieran un arma para derrotar a los mismos dioses y una puerta a otros universos. Cuenta el poema que Kingu fue castigado con la muerte y desangrado sobre la arena (en otras interpretaciones se dice que su sangre fue el origen de una nueva raza de hombres). Akki fue tragado por un pozo ciego de una de las inmensas ciudades destruidas por las guerras entre los señores divinos. En otras versiones encontradas se describe su muerte en la ciudad de Makoraba (que después se llamó La Meca) devorado por unos fuegos que surgieron de improviso del subsuelo.

- 400. d. C .Robado de la inmensa biblioteca de la famosa filosofa Hypatia por Cirilo de Alejandría, durante los disturbios en la ciudad que ocasionaron el asesinato de esta por parte de las turbas cristianas. Cirilo, patriarca de Alejandría (376-444), según sus memorias lo había estado buscando durante mucho tiempo. Conocía que Novaciano lo había tenido en su poder por lo que quemó y saqueó las iglesias fundadas por los partidarios de las enseñanzas de este buscando el texto sagrado. Se supone que allí fortaleció su concepto teológico de la Madre de Dios. Según otros pasajes se rumora que luego de robarlo le encomendó a sus amanuenses trascribir tres copias, aunque lo considerada un texto herético ¿?. Es notorio que dos de los escribas terminaron locos y el tercero se suicidó.

- 622 d. C (año 1 de la hégira) Abu l-Qasim Muhammad

ibn, más conocido en el mundo occidental como Mahoma, lo menciona en uno de sus primeros escritos como un libro maldito, origen de las invocaciones a Djinn y Efrits, genios superiores a los humanos por provenir de la misma respiración de aquel cuyo nombre no debe ser mencionado en vano(se debe señalar que estos son espíritus malignos paganos, preislámicos, anteriores a la Kaaba, anteriores al Corán, no convertidos al islamismo por Mahoma).

- 721 d. C. Libro prohibido por Beda, el venerable, en su *Historia eclesiástica del pueblo de los Anglos*, más conocida por *Historia ecclesiastica gentis Anglorum*. Según Beda los invasores que venían del norte (Pictos) se convertían en lobos y osos con la ayuda de conjuros y devoraban a los cristianos y lo quemaban todo. Sus sacerdotes se ponían en cualquier elevación antes de las batallas y comenzaban a leer el maldito libro, *"y era como el chirriar del aceite, el terrible viento del sur y el aullido del lobo solitario"*. Beda, el virtuoso, recomendaba degollar a los sacerdotes paganos y quemar el libro donde fuera hallado. Además suplicaba que destruyeran las piedras con inscripciones ogámicas, que no eran más que duplicaciones de conjuros malignos, donde el nombre de cada letra corresponde a un árbol siendo uno de los orígenes de las religiones druídicas. Por último decía en su *De Temporum Ratione* que muchas de las invocaciones y formulas del libro estaban escritas en kennigar formando dróttkvætt, por lo que solo los iniciados en artes necrománticas paganas podían usar sus conjuros.

-870 d. C. Traducido al árabe clásico por Al-Bujari, filósofo árabe que dedicó su vida a recoger las tradiciones orales sobre su profeta Mahoma y que los compiló en los **Hadit**, uno de los libros prohibidos por la Iglesia Católica y que los fieles musulmanes consideran parte de sus textos sagrados. Se considera perdida esta traducción, aunque se especula que en la actualidad queda un ejemplar en la Biblioteca de Echmiadzin, el monasterio donde tiene su archivo el Papa de la Iglesia Católica de Armenia.

- 1370 d.c. Destruido en la hoguera por Gregorio XI, amante de los libros, un ejemplar manuscrito con las tapas negras, escrito en latín, traducido del árabe por Juan Hispalense, de la escuela de traductores de Toledo. Lo había hallado en la Biblioteca de la Sorbona cuando buscaba *Laelius, sive De amicitia* de Cicerón.

- 1600. Mencionado en una de las fórmulas mágicas escritas en el libro de magia islandés **Galdrabók** donde se le mencionaba por su eficacia para conjurar trasgos y tener el poder sobre ellos. Por otra parte describe su poder de hacer palingenesia y crear homúnculos.

*PD: Después de una ardua búsqueda en la Biblioteca*

*Nacional, Internet, y la ayuda generosa de otras Bibliotecas universitarias como la de Göttingen, la de la Universidad Carlos III, Universidad de Miskatonic, Universidad de Lomonosov y la Sorbona II, he hallado algunos escasos datos modernos sobre el libro de los mineros y los trascribo abajo.[4]*

- 1823. Mencionado en una de sus cartas por Domingo del Monte ("Centón Epistolario de Domingo del Monte") como uno de los libros raros escritos en caracteres rúnicos que tenía en su biblioteca de su mansión de la Habana, en la carta menciona que su padre, Leonardo del Monte y Medrano, Oidor de la Real Audiencia de Santiago de Cuba, lo adquirió en una subasta pública, después de la ejecución de su dueño en la Plaza de Armas, un criollo acusado por la Inquisición de prácticas demoniacas de Vudú y Palo Monte. La biblioteca fue destruida por los voluntarios españoles como venganza durante la guerra de independencia. Según Domingo del Monte existía otro ejemplar muy deteriorado en el Seminario Conciliar de San Basilio de Magno[5]. Es desconocido su paradero.

---

[4] Actualmente está extraviado el original que estaba en la Biblioteca de la Universidad de Moa. Las bibliotecarias enfatizan en que este nunca existió, pese a estar asentado sus datos en las fichas bibliográficas.

[5] Negado por el arzobispo de la archidiócesis de Santiago de Cuba, Monseñor D. Guillermo García Ibáñez.

-1920. Halladas fórmulas mágicas en un folleto hallado en poder de Fanny Kaplan, terrorista anarquista que le disparó a Lenin balas envenenadas con cianuro. Kaplan fue detenida por la Cheka y llevada a Lubianka donde fue horriblemente torturada, pero según Malkov[6] cuando le sacaban las uñas con una pinza y le quemaban el rostro con vitriolo lo único que hacía era reírse, con un risa demente, sacrílega, que "se escuchaba nefasta en los sótanos de la Lubianka, como si estuviera poseída por otro ser que disfrutara con las tormentos". En el folleto se hallaron constantes alusiones al **Libro de los Mineros**. El fascículo debe estar en los antiguos archivos de la antigua KGB.

*En la actualidad se conoce que había un códice escrito en cirílico arcaico en la Biblioteca especializada del Instituto Superior Minero Metalúrgico de Moa, donado por el Instituto de Minas de San Petersburgo y perdido en la actualidad. Se sabe que hay otro ejemplar en la Biblioteca de la Universidad Estatal de Lomonosov y se rumora que un tercero está en la universidad de Harvard, en la Biblioteca Houghton, un Codex donado por Cotton Mather.*

*He enviado cartas a estas instituciones para poder precisar la fecha e idioma en que están escritos sus manuscritos o*

---

[6] Comandante del Kremlin en 1918, Coronel de la KGB, V. Malkov, ejecutor de Kaplan.

*incunables, para compararlo con el nuestro y no he recibido respuesta.*

*El códice de nuestra biblioteca estaba encuadernado en piel claroscura y los pergaminos estaban cosidos con algún hilo de color verde pálido. Formaban tres cuadernos. El primero tenía restos de adornos dorados en su portada, el segundo aún conservaba bajos relieves de marfil y el tercero solo la piel de vaca. Están escritos por ambas partes (escritura opistógrafa). Las miniaturas que los ilustran mostraban imágenes de terribles carnicerías y varias recetas maravillosas que ayudaban contra el mal de ojo, los dolores en los embarazos, y la creación de filtros para amarrar amorosamente a mujeres y hombres e invocaciones a demonios. Afortunadamente pude copiar pocas la única vez que lo pude consultar, antes de su evidente robo. Estas fórmulas mágicas me las ha traducido al castellano un eslavista amigo mío, poliglota.*

*He hallado similitudes en las invocaciones con los cantos a los muertos en el texto egipcio* **Libro de la Salida al Día**, *conocido comúnmente como* **Libro de los muertos**. *Soy agnóstico, pero tengo un sumo interés científico en estas rimas.*

*Me he decidido, hoy probaré invocar a un demonio menor, uno de los efrits, como se les denominaba en las religiones preislámicas. Será interesante ver mi fracaso.*

*1 "Vi descender del cielo a otro ángel fuerte, envuelto en una nube, con el arcoiris sobre su cabeza; y su rostro era como el sol, y sus pies como columnas de fuego.*
*2 Tenía en su mano un librito abierto; y puso su pie derecho sobre el mar, y el izquierdo sobre la tierra;*
*3 y clamó en gran voz, como ruge un león; y cuando hubo clamado, siete truenos emitieron sus voces.*

Apocalipsis 11: 1-6

*Hemos creado al hombre de barro, de arcilla moldeable Antes, del fuego ardiente habíamos creado a los genios.*

(Corán, 15, 26-27)

## Los servidores de Yahweh

Mañana saldré definitivamente del hospital psiquiátrico donde he vivido apaciblemente durante más de un año. Mañana saldré a la libertad. O puedo decir también: iré a la muerte. Me esperan. No lo ignoro. Escondidos en las sombras del día, agazapados bajo alguna de las ceibas centenarias que componen las confusas selvas que rodean a la ciudad minera de Moa. La muerte me llegará bajo una puñalada trapalera en una cola de cerveza, a través de un accidente químico en cualquier laboratorio de la Universidad, o pueden ser menos originales: en un infortunado accidente de carretera. Sé que sus servidores no duermen, esperan su oportunidad en la penumbra, ocasión que sin duda les llegará. Pero no me importa morir: es un hecho que espero con ansias. Nadie que haya visto lo que yo podría conservar la razón o podría querer seguir vivo.

El prematuro fallecimiento del Doctor en Ciencias Geológicas, E. Orozco, no sería más que uno de los primeros hechos que hubieran desencadenado el horror total en la comunidad de Yamanigüey, en Moa, Cuba y el mundo entero. La liberación de un espanto, de una servidumbre, que conocimos los hombres hace milenios atrás y que fuimos alguna vez lo suficientemente sabios y fuertes para enterrar en el olvido. Supongo que yo soy el único testigo que lo ha visto y vive aún. Y ellos, sus prosélitos. Son indistinguibles del resto de los humanos. Pueden ser cualquiera, solamente en el crepúsculo uno los puede identificar o cuando sonríen, por sus muelas bicúspides afiladas, asesinas. Son herederos de una tradición antigua, oscura, que se ha ocultado por miles de años en el interior de los diferentes cultos humanos, Astaret, Baal, el Sol Invictus de Constantino I, la secta Bogomil en el medioevo. Una religión practicada por los israelitas durante el reino de Salomón, traída por una de sus esposas extranjeras, práctica mística que conllevó a que Yahweh arrebatara el reino a Salomón en solo una generación.

Pero todo esto lo supe después de lo ocurrido. De los hechos acaecidos en la costa del norte de Holguín la prensa oficial no dijo nada entonces, como siempre, y no creo que lo haga a estas alturas. En aquel momento el grave derrumbe que provocó la muerte de varios hombres en la mina de cromo de Punta Gorda, el inmenso escape de hidróxido de azufre, gas venenoso usado en la producción de níquel en la fábrica Pedro Sotto Alba, la aparición de tiburones azules en el puerto de Moa y las iglesias bautistas desbordadas de fieles escuchando a un pastor que anunciaba el fin del mundo no era nada comparado con lo que podría haber pasado después.

Ha trascurrido más de un año y ahora lo puedo escribir, creo que he recuperado parte de la cordura, aunque mis manos todavía me tiemblan, eso le pasa siempre a los que han sido alcohólicos, un claro síndrome de abstinencia, me aclara el médico.

Estúpido.

¿Qué alcohol está relacionado con la fase de la luna llena? Aún no soy dueño completamente de mis sentidos, aún no puedo salir en las noches que la luna alumbra con potencia infinita el patio del psiquiátrico sin que un horrible estremecimiento sacuda mis miembros y no puedo dejar de escuchar el tam tam de cualquier tambor sin estremecerme y que la piel se me llene de un sudor pegajoso.

He salido bien del trance supongo, y lo mejor que me pasó fue el diagnóstico de locura que me confinó aquí y me hizo dejar mi humilde puesto de jardinero en el Instituto Superior Minero Metalúrgico de Moa. Pero no siempre esta fue mi labor: durante más de treinta años fui la mano derecha del Profesor Titular Doctor Orozco, su ayudante ejecutivo en el laboratorio de geología y paleontología marina del que era jefe. Él era, debo decirlo, desagradablemente erudito en materia de la paleontología marina. Yo era uno de los pocos que podía ayudarlo con eficacia, por haber estudiado un técnico en geología marina y oceanografía en la famosa universidad de Kazán, el alma mater de Lenin, y dominar el ruso y el inglés con soltura. Después de su muerte pedí ser trasladado a otra parte de la universidad, lo más alejada posible de su laboratorio: yo sabía que no podría entrar allí nuevamente sin perder los restos de juicio que me acompañan. Soy una persona anciana y antes temía la muerte. Hoy la añoro. No creo que pueda vivir mucho tiempo con este recuerdo en mi memoria. Todos atribuían mi nueva afición al alcohol a mi vejez y la soledad, tomaron por un excentricismo mío pedir el cambio de técnico de laboratorio por el menos remunerado de jardinero que ocupé antes de hospitalizarme. No quiero acercarme ni por un momento al ala noroeste de la universidad ni al departamento que se incendió en la noche del 30 de noviembre del 2013. Por causas desconocidas dicen los bomberos. Por errores técnicos de protección, dictaminaron los investigadores de la policía. Es cierto es que allí guardábamos materiales inflamables y las muestras de petróleo. Pero si hubieran buscado un poco más a fondo hubieran hallado algo que les hubiera demostrado la verdad, algo que les arrebataría la cordura.

El local lo han clausurado después del incendio pero hoy me he enterado que, desgraciadamente, el Instituto de Minas de San Petersburgo va a financiar su remodelamiento y modernización y traerán nuevas máquinas para seguir haciendo los experimentos geoquímicos que se desarrollaban allí desde la época soviética. En Cuba se quiere hallar petróleo en el mar al precio que sea y los restos de los invertebrados que reposan en sus aguas desde hace millones de año son la pista habitual para la búsqueda. Por Dios, si supieran de las cosas terribles que reposan allí, de los horrores que el mar guarda en su interior, del conocimiento sombrío en sus profundidades. Pero creo que ellos lo saben, el Rector y todos estos malditos científicos locos, todos esos perversos geólogos lo saben. ¿Por qué no se detienen? Nos hundirán a todos en el oleaginoso mar y seremos sus esclavos por siempre.

Todo comenzó con las rudistas. Como es sabido por todos este tipo de fósiles son un orden extinto de moluscos bivalvos heterodontos, eso cualquier escolar lo sabe, pero eso no es lo fundamental: los arrecifes de rudistas tienen un importante interés económico como posibles bolsas petrolíferas, debido a la elevada porosidad de sus facies. Y buscando pistas de hidrocarburos, en las profundidades, entre los restos de rudistas, los canadienses de la compañía Sherrit hallaron el trilobite: era enorme, gigantesco y no se parecía a nada de lo que yo había visto anteriormente en el famoso museo geológico de la universidad de Kazán, o el del Moa, por Dios!!! Medía más de metro y medio de largo, sus patas largas, cubiertas de vellos afilados, apergaminadas, su boca abierta en una sarcástica mueca de dolor. Era solo un fósil, pero hubiera sido horrible verlo vivo, caminando, rumiando Dios sabe que tenebrosos pensamientos traídos al presente en una época donde aún los hombres no existíamos, en el paleozoico, miembros de una antigua especie que reinó antes de nosotros, y del que los hombres solo teníamos oscuras remembranzas presentes en los ritos de los hombres antiguos.

Después del incendio pude leer fragmentos que aludían a la especie en libros de antropología física y pude consultar el horrible *Libro de los Mineros* antes de su desaparición de nuestra biblioteca. Allí se esbozaban varias fases del período solar, varios ciclos de vida de nuestro planeta, sobre la muerte y la destrucción de la raza humana, el último del que teníamos memoria los hombres había sido el famoso Diluvio Universal, donde nuestra especie se salvó en un Arca. Restos de información, leyendas y mitos entre algunos pueblos del norte de China y Siberia meridional refieren la historia de una terrible invasión procedente del cielo cuando descendieron los malvados dioses e hicieron esclavos al hombre y a la bestia y devoraron nuestra tierra y tuvieron guerras entre ellos. Y los Trilobites eran sus servidores, sus bestias de caza, sus mercenarios, alimentados con encéfalos humanos, su alimento favorito. Se alimentaban de nuestra esencia vital. Vampiros antiguos. Bestias merodeadoras. Inteligencias lóbregas. Y precisamente en los tiempos de la Babilonia de Nabucodonosor se enfrentan dos facciones alienígenas: *Tiamek* y los terribles Elohim y *Yahweh* y su séquito de Trilobites, los más antiguos amos sobre la tierra, los que nos habían enseñado a los humanos los rudimentos de la medicina, la escritura, las artes de la pesca y la agricultura. En sus guerras nucleares devastaron ciudades como Sodoma, mataron razas humanas completas, se concubinaron con mujeres humanas, y originaron los horribles cultos que prosiguieron sus luchas luego del sueño eterno de los dioses que habían bajado de los cielos en sus carros alados. La destrucción de la Atlántida fue a causa de una de sus batallas, usaron las armas atómicas que antes habían usado en Ur. Y Yahweh durmió bajo la montaña que está cubierta por las aguas y Tiamek se retiró a algún lugar de la tierra y siguieron adorados como deidades por los hombres y un oscuro sacerdote caldeo escribió en lengua acadia **El libro de los Mineros** donde se anunciaba que esas razas cósmicas algún día volverían sobre la faz de la tierra y ese momento era esperado. Eso me enloqueció. Ahora lo sé, está más cerca ese momento, ya sus adoradores están por todas partes, ya se escucha el tam tam de sus tambores, quieren recomenzar sus terribles guerras en nuestro planeta.

Pero todo eso lo supe después, el día que llegó el fósil solo hice el inventario de la monstruosa pieza para nuestro laboratorio, luego me fui a vivir tranquilamente mi vida mediocre.

Pasaron semanas de intenso trabajo, las autoridades gubernamentales estaban contentas: habían indicios de petróleo en las áreas del golfo pertenecientes a nuestro país, tendríamos combustible para poder mover nuestras industrias y transporte. Habían llevado a nuestro laboratorio nuevas muestras de petróleo y yo tenía que pasar por el Museo para llevarlas al laboratorio, era mi camino más corto.

Iba caminando, el piso recién lavado, cuando un resbalón me hizo vacilar y derramé parte del combustible en el suelo, ahora tenía que regresar a los almacenes a buscar más, vaya basura. Cuando regresé, le dije a la bedel que había que limpiar y llevé la muestra al laboratorio, estuvimos hasta tarde trabajando. El profesor Orosco y yo nos miramos: efectivamente era petróleo de alta calidad en aguas cubanas. Cuando pasé por el Museo rumbo a mi casa, vi que no habían limpiado el suelo, y que además yo había salpicado accidentalmente al trilobite y las muestras de oro nativa que estaban para catalogarlas, me acerqué y vi que el fósil tenía la parte humedecida convertida en una substancia gelatinosa oscura, justo donde le había caído el petróleo. Sin mucho esfuerzo arranqué un fragmento, nunca pensaría que se echaría a perder tan rápido, pensé. Lo guardé en el bolsillo de mi uniforme de trabajo y me marché.

Trabajamos el otro día hasta tarde en la noche, al final Orosco sacó una botella y bebimos por el éxito. Le dije que iba a buscar otra y salí a la cafetería de la universidad, donde venden ron de contrabando, porque, como es notorio, en las instituciones educativas cubanas no se consume alcohol. Demoré un poco porque me hallé con una profesora que hacía tiempo me gustaba y le comenté de nuestros éxitos, tal vez podríamos ganar uno de los Premios de la Academia de

Ciencias. Llevé la botella de vuelta, Orosco había cambiado de asiento, estaba sentado en la penumbra, serví dos vasos y los bebimos sin decir palabra. De repente sentí que algo andaba mal, todo estaba en silencio, las luces las había apagado, no me extrañó porque siempre había sido ahorrador, pero me percaté de que la euforia que había acompañado al profesor lo había abandonado y no hablaba, solo bebía, como mecánicamente. Sentí frío, o algo parecido al frío. Le pregunté si estaba mal, si quería dejábamos el festejo para mañana. Su cara y su cuerpo estaban en la penumbra, pero se le veía extrañamente pálido, de repente la luna llena me sorprendió con su luz amarillenta a través de los grandes ventanales de cristal, pero fue solo un instante porque un nubarrón la cubrió. Sentía frío pero no era exactamente la sensación de frialdad. Era un ambiente pesado como el interior de un cuarto cerrado por décadas, una fetidez que antes no había. Una presencia casi palpable, como algo más maligno, más antiguo que los fósiles ordenados meticulosamente en el escaparate a mis espaldas. De repente el profesor me miró con una mirada vidriosa, e intentó decir algo, pero solo entendí un gemido, como el gorgoteo sordo de un ahogado, su mano derecha se alzaba y bajaba en movimientos espasmódicos regulares. Lo fui a agarrar y en ese momento pasó la nube que cubría la luna y se alumbró nuevamente la oficina con su luz ambarina, fantasmal, se escuchaba en la lejanía un tam tam de tambores. Entonces lo vi.

Estaba en el piso, detrás del cuerpo del profesor, una de sus tantas ventosas chupaba golosa un fluido acuoso de un hueco sanguinolento detrás de lo que fue la cabeza del Dr. Orosco y su dueño me miraba con sus docenas de ojos fríos, su cuerpo aplastado, espinoso y lleno de ángulos imposibles verdeoscuros, y supe que detrás me examinaba una inteligencia oscura, que había atravesado eones en el tiempo y el espacio para estar frente a mí, observándome, analizándome, sus ramificaciones dentro de mi cabeza y supe que detrás de él vendrían otros, que sería el primero despertado de su sueño de milenios, para esclavizarnos y devorarnos. Yo lo sabía y miraba hipnotizado la ventosa que se iba alargando rumbo a mi rostro, con lentitud, como en las películas mudas, el cuerpo succionado y sin vida de Orosco cayendo, la luna apagándose de nuevo, el tam tam cada vez más cerca.

Supongo que el instinto me salvó de algo más horrible que la muerte, agarré la probeta más cercana y le arrojé su contenido, por su olor supe que era ácido nítrico mezclado con clorhídrico, la terrible agua regia que disuelve hasta el oro y el platino y que había caído sobre la criatura cuya ventosa seguía avanzando hacia mí, sus pedazos pútridos llenando el piso, el cuerpo hinchándose, explotando, salpicándolo todo, sobresaliendo muchas cabezas humanas de su cuerpo globoso, terribles rostros membranosos, agujas blasfemas y hediondas, el fuego en toda la habitación y yo que no pude evitar huir, correr enloquecido a la noche alumbrada por una espantosa luna llena y el humo y los gritos de los guardias, arde la universidad, se quema la universidad.

Me encontraron al amanecer, tiznado, lleno de petróleo y

sangre, la ropa hecha guiñapos, deambulando descalzo por los páramos solitarios al norte de la universidad. En uno de mis bolsillos unos pedazos putrefactos de algo que había sido carne de algún animal según me dijeron, pero solo yo sé que no era eso, que eran restos de algo que había sido sacado del fondo marino, despertado, un ser milenario adorado por unos fanáticos que ahora seguramente esperaban agazapados mi salida del hospital. Restos de un monstruo pleistoceno, venido de más allá de las estrellas, catalogado por los geólogos como Tribadita y que anhelaba mi carne, mi sangre, su comida que le había sido negada por siglos.

*Y se arrepintió Yahve de haber hecho hombre en la tierra, y le dolió en su corazón. Y dijo Yahve: "Raeré de sobre la faz de la tierra a los hombres que he creado, desde el hombre hasta la bestia, y hasta el reptil y las aves del cielo; pues me arrepiento de haberlos hecho."*

Génesis 6:6,7

## La Abominación de Ur

Nos conocíamos desde la infancia. Por eso todos se sorprendieron tanto cuando lo maté.

Cuando la policía llegó, solo quedaban restos sanguinolentos y casi irreconocibles de quien en vida fue Miguel Robles, ingeniero en minas; mi amigo de siempre. Y nadie más que yo estaba cerca de tales despojos… así que el juicio fue rápido; la fiscalía lo tuvo fácil.

En realidad, me condenaron a muerte… aunque luego tuvieron la «misericordia» de cambiar mi sentencia: atribuyéndome desórdenes mentales; me enviaron al hospital psiquiátrico.

¿Loco?, ¿yo?

No.

Necios, ellos.

No saben del horror, de la podredumbre nauseabunda, del terror total del que salvé sus mediocres vidas.

Y es mejor que jamás lo sepan.

Existen en el universo fuerzas indescriptibles que dormitan en profundos abismos, esperando la señal para despertarse y diseminar el caos. Formas que existieron antes de los humanos y que sin duda alguna heredarán este planeta, que hoy llamamos nuestro dominio, porque su paciencia las hace capaces de esperar durante eones. Entes poderosísimos, más allá de nuestra comprensión y de toda nuestra orgullosa ciencia materialista.

Yo lo sé.

Yo los he visto cara a cara.

Supongo que el principio de todo podría ser Moa.

Allí existe una oscura universidad que se agota en turbios laberintos y cuyo claustro de profesores tiene la triste fama de ser los más raros de Cuba. Miguel me contaba que algunos de ellos negaban la fuerza de gravedad, mientras que varios otros afirmaban haber hallado un elemento químico nuevo. Hasta hubo un físico que tenía un cuadro de Einstein en un latón de basura y lo escupía todos los días. Siempre creí que eran exageraciones suyas y que el Instituto Superior Minero Metalúrgico de Moa era solo una más de nuestras universidades, de las que nuestro país se siente tan orgulloso. Con la única diferencia de que allí se estudian ciencias que están más cerca de la Tierra, de sus abismos insondables.

Esa es la clave, tal vez: Geología, Minas, Metalurgia, son

las carreras que se allá se estudian.

Miguel primero se hizo ingeniero en minas en ese instituto y luego se quedó a vivir en la misma Moa. Así que dejé de verlo por años. Se me hizo un hábito diario preguntar por él. Su madre, llena de orgullo, me decía que era un ingeniero famoso y que trabajaba en una de las minas más profundas del país, un riquísimo yacimiento de cromo situado en una región lejana y selvática llamada Punta Gorda.

Un día supe que había sufrido un accidente o algo así, y que le habían dado de baja por la enfermedad mental que tal suceso le había causado.

Poco después me lo encontré casualmente frente a su vieja casa colonial y me saludó con alegría. A simple vista parecía una persona por completo normal. Solo me sorprendió un poco el que, cuando abrí los brazos y los tendí para estrecharlo como se hace entre buenos amigos, él fingiera no advertir mi gesto y hasta retrocediese un poco.

También advertí que su musculatura perfecta, resultado de tantos años de esforzada gimnasia, y que siempre le envidié, continuara incólume. Pero por otro lado, la edad parecía haber caído con súbita e inexplicable violencia sobre él; tenía el pelo lleno de canas, y descolorido el tatuaje que desde la juventud adornaba su brazo derecho.

¿Efectos del accidente, quizás?

Como dos amigos cualquiera que se reencuentran, hablamos, reímos evocando viejas andanzas... y al fin me invitó a su casa para tomarnos una botella de ron.

El pobre: no tenía idea de que con esa acción estaba echando la primera paletada de tierra sobre su propia tumba.

El caso es que nos tomamos la botella.

Y la segunda, y la tercera...

Hasta que, no sé a qué hora de la noche, pues ya estábamos bastante borrachos los dos, me invitó a bajar al cuarto de desahogo, donde dijo tener algo muy especial que mostrarme.

El objeto en cuestión no era más que una pequeña roca blanca con forma de rombo cortado a la mitad... pero en manos de Miguel relució de pronto con mil colores que es imposible describir. También me llamó la atención su peso aparente, que se me antojó desmesurado para su pequeño volumen; mi forzudo amigo lo sostenía con ambos brazos, y sus gruesos músculos estaban contraídos.

Recuerdo haber pensado que fingía; ningún mineral de la Tierra podría ser tan denso.

—Ella me habla —dijo Miguel, fijando en mí sus ojos excitados. Y en ese momento lamenté haber dejado que bebiera tanto; nunca me han gustado demasiado los borrachos—. Me habla —repitió, y se rió al ver mi confusión—. ¿No me crees? —y entonces, resollando por el esfuerzo de sostener la piedra con una sola mano, con la otra tomó la mía y la puso encima.

Otra sorpresa; la extraña roca estaba tibia, como si la hubieran sacado del fuego tan solo unos segundos antes. Desagradablemente tibia, de hecho. Por puro instinto, aparté la mano como si hubiera tocado un ser vivo, capaz de arañar o morder.

—Víctor, por años fuiste mi mejor amigo… así que voy a contártelo todo —dijo él, con los ojos brillantes, y, colocando con cuidado la piedra blanca sobre la mesa cercana, cuyas viejas patas crujieron bajo su peso, confirmándome así de paso que debía ser de veras imponente, se lanzó a una convencida perorata:

*Todo empezó hace ya tiempo, cuando aún era estudiante de primer año en Moa. Revisando un viejo librero me tropecé por puro azar con los diarios de Mendiola, Raúl y Cuesta, tres profesores que abandonaron la Universidad años antes de que yo ingresara, y en circunstancias bastante misteriosas. Uno muerto, el otro desaparecido, el otro… mejor ni hablar de eso. Lo curioso es que los tres, cada uno sin saber de las elucubraciones del otro, coincidían en suponer que cierto misterioso talismán de extraños poderes, estaba oculto en el subsuelo de Cuba. Más exactamente, en Punta Gorda. No me tomé muy en serio aquella inexplicable seguridad, hasta que, cuando me enviaron justo a ese yacimiento, se me ocurrió buscar el dichoso objeto en mis ratos libres, aunque sin creer en su existencia. Bueno, pasaron los años, y aunque sin obsesionarme, la verdad es que busqué, busqué… y un día tuve éxito donde ellos habían fracasado. Encontré esta... piedra. También, como a ti, me llamó mucho la atención su inexplicable, monstruoso peso. Supongo que no proviene de nuestro planeta. Cuesta especulaba_en sus notas que quizás fuera un fragmento del núcleo de una estrella de neutrones. Pero eso no es lo más raro, sino que, como los tres hipotetizaban, y aún no entiendo sobre la base de qué esotéricas informaciones, he descubierto que funciona como una especie de puerta interdimensional. En ciertas circunstancias, genera un... ni sé cómo definirlo... a fin de cuentas, el antropólogo eres tú, tal vez un túnel que nos comunica con otras épocas u otros mundos. Bueno, la encontré en una galería de la mina... o ella me encontró a mí, el episodio fue bastante raro, no te lo contaré en detalle porque algo me dice que no me creerías. Especialmente considerando que cuando la tuve en mis manos, toda esa sección de la mina colapsó de pronto, y perdí el conocimiento bajo los escombros. Era como si una fuerza inexplicable tratara de que aquella roca no saliera a la luz. Los del equipo de rescate que me sacaron de debajo de toneladas de roca confesaron que no entendían cómo había sobrevivido... Por suerte me dio tiempo de esconderla bien antes del accidente, y luego pude regresar y recuperarla sin mayores problemas. Pero ahora estoy intranquilo desde hace unos días; sé que ellos la buscan, que saben que la tengo, y están rondando mi casa. Por eso solo salgo de día... y bien armado.*

Concluyó, mostrándome entonces lo que escondía entre el cinturón y los pantalones.

Di un respingo, asombrado y, ¿para qué negarlo?, también

un poco asustado: era un cuchillo de los que llamamos matavaca, pero tan grande que parecía más bien un machete.

Comprendí al punto por qué no me había dejado abrazarlo; para que no me diera cuenta de que estaba armado.

¿A qué o a quiénes temía mi amigo? ¿Quiénes eran aquellos misteriosos «ellos»?

Empecé a preocuparme. Tampoco me han gustado nunca los locos; intenté calmarlo, pidiéndole que me diera el cuchillo... pero no pude.

—¿Hasta tú piensas que estoy enfermo de los nervios? ¿Tampoco me crees? —dijo con amargura—. Pues ahora te mostraré cuánto te equivocas...

Retrocedí, temiendo que me atacara, furioso. Pero su acción, completamente distinta, me sorprendió: en vez de abalanzárseme agresivo, cuchillo en mano, tan solo se arremangó la camisa hasta el hombro, permitiéndome ver de nuevo el viejo tatuaje de la serpiente con alas confinada en un puño cerrado, ahora con su tinta empalidecida...

Y con un gesto violento, se cortó la palma de la mano, demostrándome de paso que el matavaca no solo era grande, sino que además estaba tan afilado como una navaja de afeitar.

La sangre fluyó, cayendo sobre la mesa, sobre la piedra, que al instante comenzó a brillar en la penumbra. Entonces Miguel sujetó mi mano.

Juro que me resistí, pero no sirvió de nada; él era mucho

más fuerte que yo.... Y además, tenía aún el cuchillo Tras breve forcejeo, me obligó a tocar la piedra, que él mismo aferró por el otro lado.

Y ocurrió.

Apenas mi mano rozó la piedra caí como en una especie de somnolencia. Los policías y psiquiatras a los que se los he contado después lo atribuyen al efecto del ron. Pobres diablos sin imaginación, suponen que simplemente caí dormido en el sótano por culpa de la borrachera.

Cómo me habría gustado que así fuera...

Pero juro que no era un sueño, sino una realidad diferente a la que fui a dar. Otro mundo en el que, aun estando presente, no tenía voluntad ni decisión; solo podía mirar y escuchar a través de mis atrasados y humanos sentidos, que tampoco eran del todo míos.

En esa realidad había un hombre atándose la correa de su sandalia y, no sé cómo, pero supe que, de algún modo, ese hombre era yo mismo.

Ya no más Víctor, el antropólogo que buscaba los secretos de la Semiótica Cultural en las teorías de Clifford Geertz, sino Nimrod, hijo del poderoso Cus. Y Seba, Havila, Sabta, Raama y Sabteca eran mis hermanas y hermanos, padres y madres de futuros poderosos pueblos.

Porque no era yo un Nimrod cualquiera, insisto, sino justo ese Nimrod; el más hábil localizando, persiguiendo y matando toda clase de presas con el arco, la lanza y el hacha.

Aquel del que, muchos siglos después, podrían todos leer en La Biblia «vigoroso cazador delante de Yahvé». Nimrod, el futuro rey de la llanura de Sidar... Pero eso sería en el futuro; en aquel momento era solo un joven príncipe atándose la sandalia, la espada de bronce en el suelo a su lado.

Fue muy raro. Yo era él y a la vez seguía siendo Víctor, y estaba sobre él y a sus lados, y ya él-yo, tras envainar la espada en la funda enjoyada que colgaba del rico tahalí terciado sobre sus-mis hombros desnudos, bajaba-bajábamos la colina al encuentro de una bella muchacha de pelo negro y le hablaba en una lengua arcaica cuyas palabras no comprendía, pero cuyo significado resonaba sin embargo claramente dentro de mi cabeza.

El extraño poder de la piedra me había permitido burlar el tiempo. Y ahora me encontraba en una época perdida, muchos años antes de Cristo, en un tiempo donde las altas y gruesas murallas de Babilonia, la grande, todavía tenían fresca la argamasa que unía sus piedras.

—¿Babilonia? —dijo la muchacha, que al instante supe que se llamaba Mizraim—, qué cosas tienes, Nimrod... querrás decir Babel —y se rió cristalinamente, mirando una amalgama de casas, por encima de cuyos techos, a lo lejos, se alzaba una alta torre de ladrillo rojo que, por la profusión de andamios que la adornaban, supuse ingenuamente, aún a medio construir.

Yo no supe qué decir ante su corrección, pero ella me dio un beso y se echó a correr hacia Babel.

La seguí, por supuesto. ¿Babilonia? ¿Babel? Qué más daba. Yo era joven, ella también, y además hermosa; sus ojos eran como palomas, sus piernas como gacelas.

Así llegué a la ciudad que no era tal todavía, sino apenas un caos de casas, ánforas de vino, mercaderes fenicios pregonando a puro grito en sus calles, vendedores callejeros de mirra y áloe profiriendo alaridos igual de estentóreos y hetairas con sus sexos oscuros transparentándose provocativos bajo sus finas túnicas de Tiro en las estrechas calles empedradas.

Babilonia-Babel, la grande.

Nunca ha existido urbe que pueda comparársele.

Los Zigurat hechos de cedro del Líbano, los altares llenos de incienso, los cantos de los sacerdotes, los holocaustos. Era mi ciudad y yo su príncipe; todos me conocían y saludaban, a la vez con simpatía y con respeto rayano en la sumisión.

Hasta que me encontré con Nared, el jefe de la guardia real, que me preguntó azorado adónde iba, aconsejándome de inmediato que buscara refugio lejos de las calles, porque se acercaba la caída de la noche y con ella la terrible hora de los efim.

¿Los efim?

Los efim...

Súbitamente supe-recordé quiénes eran y qué hacían y la rabia me enardeció.

Los efim, servidores del dios Tiamek, bilis despreciable de Anu. Antiguos sicarios humanos que habían renunciado a su condición a cambio de la inmortalidad, entrando al vil servicio del malvado hermano gemelo de Tiamat, la horrible diosa serpiente del mar, cónyuge de Kingu, el dueño de las tablillas del destino.

Seres poderosos y fortísimos, de tres metros de estatura, oscuros y alados, que venían todas las tardes a destruir nuestra Torre. Y no era que no hubiera aún finalizado su construcción... es que nos lo habían impedido. Porque estábamos malditos por Tiamek, el envidioso de los hombres.

Recordé mis constantes discusiones con mi padre, el rey Cus, para convencerlo de que había pasado suficiente tiempo desde nuestra derrota, que ya éramos lo bastante fuertes de nuevo y que debíamos enfrentar de una vez y por todas a esos abominables engendros que tenían su sede en la Ur de los caldeos, malditos sacerdotes adoradores de Dagón, Tiamat y Tiamek, con el poder de convertirse en serpientes, escorpiones y otros animales inmundos.

Precisamente a ellos llevaban como tributo sus siervos, los obedientes efim, nuestras mejores mujeres y nuestros productos de la tierra, condenándonos al hambre por temporadas completas. Y no contentos con eso, aún intentaban todos los días devastar los restos de la Torre que resistían a su desolación.

Como cada día, el crepúsculo era la hora terrible de los efim.

Ya las personas corrían llenas de terror, ya el mercado quedaba vacío. Ya el cielo se oscurecía, más que por el ocaso, por las nubes de alas membranosas de los efim, que arrojaban pesadas rocas y puntiagudos dardos sobre nuestra orgullosa y desgraciada Torre que, de estar a medio construir, pasó directamente a ser ruina sin conocer jamás el esplendor para el que fue concebida.

Porque la Torre fue concebida no solo como un reto a las alturas, sino también a los dioses mismos. Su cúspide debería haber llegado hasta el mismo cielo, y más que por soberbia ni vanagloria, para hacernos famosos. Y para darnos acceso a todo el conocimiento del mundo, volviéndonos semejantes a los dioses que lo atesoraban en las alturas.

Tal había sido el noble plan de mi padre Cus. Era un plan grandioso, sin duda...

Pero Tiamek, dios celoso del creciente poder de los hombres, decidió prohibírnoslo...

Los dioses son falibles y desafiables; aferramos nuestras armas y lo enfrentamos.

Fue una batalla gloriosa, que duró varios días con sus noches... pero al final fuimos derrotados.

Nunca vimos a Tiamek. Los efim, con su fuerza inhumana y su dominio del aire, bastaron para decidir su favor el conflicto.

Y fue la ruina de nuestra ciudad.

Recuerdo confusamente las llamas, la destrucción, los gritos de terror de las mujeres, al orgulloso remate de la Torre cayendo entre nubes de polvo y humo, por entre las que volaban los mismos monstruosos alados servidores de Tiamek que acababan de derribarla.

Aquello había ocurrido tiempo atrás, cuando yo solo era un niño que lloraba y balbuceaba en brazos de su nodriza.

Pero ya habían pasado años de tal desastre.

Ahora yo era un verdadero hombre y no aguantaría más esa afrenta a la dignidad de nuestro pueblo.

Es la ley de la guerra y de la vida. El triunfador que no remata al vencido debe siempre esperar y temer su revancha.

¡Y por Marduk que estaba cansado de todo aquello!

Me quité la mano de Nared de encima y corrí a la Torre. En ese momento escuché un grito; era uno de esos engendros que se llevaba volando a Mizraim hacia la cúspide de la Torre.

No lo pensé dos veces; desenvainé mi espada de bronce y subí de cuatro en cuatro los peldaños de la escalera de caracol que rodeaba toda la imponente construcción, ennegrecida y quemada años tras año por los fuegos rencorosos desatados por los ataques del séquito de Tiamek... pero aún en pie. Como yo, como nuestra ciudad toda.

Los efim se entretenían en saquear las casas y palacios, abajo, y la gente huía de su terrible presencia.

Como de costumbre.

Pero hoy iban a cambiar un poco las cosas.

Casi sin aliento alcancé la cima de la Torre y allí me enfrenté con mi destino: Robram, el temido líder de los efim.

Todavía puedo recordar sus ojos, de un inhumano rojo encendido. Sus orejas apergaminadas y puntiagudas, su rostro cubierto mil veces de un único tatuaje que se repetía como un patrón blasfemo sobre su piel, confundiéndose con las cicatrices de mil batallas que la laceraban. Su musculatura poderosíma, sobre todo la del pecho, encargada de mover las dos gigantescas alas adosadas a su espalda, erizadas de feroces agujas de hueso.

Entre sus manos de garras terribles, Mirzaim estaba tan inerme como el cordero entre las garras del león. La estaba desnudando sobre la piedra gris, con evidentes y terribles intenciones, pero al escuchar mi grito de batalla se irguió en toda su estatura y soltó una carcajada siniestra y opaca.

—Estúpido humano —me dijo luego—, ¿qué haces? Mejor corre para salvar tu vida y déjame terminar lo que he empezado... no se debe hacer esperar a una dama ¿no? —tras lo que me dio la espalda como a un siervo insignificante.

Ningún príncipe de Babel podía tolerar aquella afrenta.

Mi espada se partió en mil pedazos en su espalda nudosa. Indemne, Robram se volvió lentamente y me dijo, con calmada sonrisa:

—¡Nimrod, hijo de Cus!, ¿hasta cuándo nos estarás importunando? ¿Cuándo te convencerás, gusano, de que la Tierra toda es de los efim? Que sus mujeres nacen solo para nuestro placer y que ustedes, viles esclavos apenas si sirven para el sacrificio a nuestro padre Tiamek, el invicto Dios de las espadas y los vientos.

Entonces, sin que pudiera impedírselo, se movió tan rápido como la tempestad sobre la estepa, y con una sola de sus manos enormes y de fuerza increíble me sujetó por la cintura y me levantó en peso, sosteniéndome sobre el vacío pese a todos mis forcejeos.

Me creí perdido.

—Hasta ahora habíamos obedecido la orden de nuestro señor Tiamek de respetar tu vida y la de tu soberbio padre, porque el mayor castigo para la altivez de un gobernante no es la muerte, sino obligarlo a ver cómo sufren sus súbditos sin que pueda hacer nada por atenuar su miseria... pero nuestra paciencia tiene un límite, y tú lo has cruzado con tu estúpido ataque. Nimrod, hijo de Cus, morirás aquí —me espetó, siempre calmado, pero ahora mostrando todos sus dientes, más terribles que los colmillos del más feroz de los leones—. Tu cuerpo será comida de perros y cerdos; tus huesos serán polvo y nadie se acordará nunca más de tu nombre. Tu padre morirá junto a tus hermanos, y en vez de tu olvidada dinastía seremos nosotros quienes gobernaremos en toda la llanura de Sidar y en el mundo…

Pero de repente su voz calló; hizo una mueca de dolor y una hoja filosa le brotó ensangrentada del pecho.

Por un largo instante aún me sostuvo, como reacio a creer lo que le ocurría.

Yo también me quedé mirando estúpidamente la punta de aquella espada ensangrentada, hecha de un material oscuro y poderoso, hasta que Robram me lanzó con ligereza casi despectiva al suelo de la Torre, y arrancando con un alarido de rabia el arma de su pecho inmenso, la arrojó al suelo y se volvió para enfrentar a su nuevo enemigo.

El primer deber de todo capitán de la guardia es proteger a su rey y a su príncipe.

Por supuesto, era el fiel Nared, que había subido tras de mí, y tomando la misma espada que el prepotente efim dejara confiado a un lado mientras desnudaba a la muchacha, se la había hundido en la espalda para salvarme.

Buen Nared. Le debo la vida.

Que Marduk lo tenga en su gloria.

Porque su fidelidad le costó cara; como si no tuviera herida alguna, en un instante Robram lo hizo pedazos con sus garras. Pero cuando creía que yo sería el siguiente, echó a volar seguido de los demás monstruos.

Solo entonces me di cuenta de que ya no estábamos solos; la guardia imperial nos había seguido por las escaleras de la Torre y arrojaba nubes de flechas encendidas a los efim para ahuyentarlos, pues los sicarios de Tiamek solo temen al fuego.

Pasando sobre el cadáver aún tibio de Nared, tomé la espada de Robram y la detallé admirado. El hombre moderno que soy comprendió al punto que estaba hecha de acero, algo común en nuestra época, pero inimaginable en tan remota edad.

¡Con razón partía las espadas de bronce como mantequilla! El arma, larga, curva y de un solo filo, recordaba a una antigua katana japonesa, aunque sin la guarda. Acudió a mi mente una antigua leyenda de Okinawa: dicen que el misterio de la forja de los sables samurais se lo había entregado a un herrero, a cambio de sus dos hijas mellizas, precisamente un demonio...

Quizás la espada del demonio me permitiera matarlo.

Animado por tan sutil esperanza, levanté el arma ante la multitud que nos miraba y los convoqué a luchar contra Tiamek:

—Pueblo de Babel ¿hasta cuándo soportaremos las incursiones de los sicarios de Tiamek bajando la cabeza y escondiéndonos en nuestras casas como ratas que temen al hurón? ¡Basta ya de darle dócilmente nuestros hijos, basta ya de gemir sumisos bajo su esclavitud! Si pudimos construir la Torre ¡también podremos vencerlos si nos unimos contra ellos! Estos años de paciente resignación han sido el peor de los errores. Pero los hombres son hombres precisamente porque pueden aprender de sus errores. Basta ya de esperar temblorosos las terribles visitas de los efim, perros de

Tiamek; los que tengan un corazón en el pecho, los que sientan que no tienen nada más que perder... que me sigan a Ur; vamos a cazar a esos monstruos en su propia madriguera. Y que no haya temor en nuestros pechos, sino júbilo: si morimos, habremos muerto como hombres, como guerreros: luchando. Pero si vencemos, juro que reconstruiremos la Torre, y aún más alta que antes, como eterno recuerdo de nuestra victoria.

Todos gritaron y levantaron espadas, arcos y picas.

Todos menos mi padre, que se encerró en su palacio, aterrado. Cuando lo vi se mesaba los cabellos y su ropa estaba llena de ceniza. Consternado, me dijo que no temía por su vida, porque a fin de cuentas ya era un hombre viejo, sino por la mía, y por la de su ciudad. Me dijo que llevaba el ejército a su destrucción definitiva y que después de mi derrota nuestro pueblo sería esparcido por la faz de toda la tierra.

—No solo te enfrentas a Tiamek, sino a todos los dioses. ¿Acaso no has aprendido la lección que nos costó la Torre? Nosotros, los hombres, no podemos oponernos a los designios de los dioses, hijo mío —fueron sus palabras finales, llenas de temor disfrazado de sensatez.

Confieso que abandoné sus estancias sombrío y pensativo. ¿Estaría tal vez suicidándome junto con todos los que creían en mí? ¿cómo saber si en la empresa que emprendería al día siguiente me esperaban el fracaso o el triunfo?

Me dormí cavilando al respecto.

Soñé.

Esa noche apareció ante mí Marduk, el Padre de todos los hombres. Venía montado en su carro de siete caballos, y yo empuñaba las riendas a su lado. Como mi padre, el Divino trató de persuadirme de que no enfrentara a Tiamek en batalla, que le dejara eso a los dioses, que bien saben arreglar sus asuntos entre ellos sin necesidad de la ayuda de los simples mortales. Ya le llegaría su hora al malvado...

Me desperté sudado en medio de la madrugada, pero tan firme era mi decisión de matar a Tiamek, a Robram y a los demás efim por todo lo que habían hecho padecer a nuestro pueblo, que decidí no prestar atención al sueño.

Como sabe todo hombre moderno, los sueños son sueños y nada más que sueños...

Partimos al amanecer.

Los caminos para llegar a la Ur de los Caldeos siempre han sido tortuosos, y todo guerrero veterano conoce que mientras más nutridas son las tropas, más lentamente avanzan.

Como marché con el ejército completo, pasaron siete días y siete noches antes de que llegáramos ante sus murallas de más de diez metros de altura.

Para nuestra inmensa sorpresa, no había rastro de los feroces efim, ni tampoco nos esperaba en sus almenas ejército alguno en pie de guerra. Las gigantescas puertas hechas de cedro y roble estaban abiertas de par en par, las calles desiertas, los edificios vacíos.

Tan grande era la ciudad que pasaron otros siete días con sus siete noches antes de que llegáramos a su centro. Sin encontrar rastros de los efim. Mis hombres empezaron a alegrarse, imaginando que habían escapado todos, pero yo no podía creer en tanta suerte y me mantuve vigilante.

Durante aquella semana de marcha, mis hombres y yo pasamos en horrorizado silencio ante construcciones ciclópeas que solo habríamos imaginado en los más locos sueños. Capiteles multicolores, inmensos palacios llenos de pedrería y oro, calles que desembocaban en plazas donde solo había un pozo...

Ah, aquellos pozos...

Varios de mis guerreros más fuertes se atrevieron a beber de ellos, y uno tras otro todos enloquecieron con el agua de esos huecos sin fondo, que parecía limpia, pura y cristalina.

A otros los perdí cuando, llenos de codicia, se aventuraron a entrar en los palacios llenos de riqueza y no salieron más.

Efim o no efim, Ur no es una ciudad amable con los forasteros que se adentran en pie de guerra por sus recovecos. Nuevas y terribles sorpresas nos aguardaban.

Al cuarto día de marcha a través de la ciudad fantasma llegamos a una plaza blanca poblada de árboles extraños que daban una sombra fresca, entre pequeñas fuentes de agua y mesas dispuestas como para un convite con odres de insólitos vinos, cúmulo de peces y animales asados y bellas muchachas de pecho descubierto y orejas adornadas con zarcillos de oro, que servían las mesas vestidas apenas con mínimos taparrabos.

Eran las primeras habitantes de Ur que encontrábamos. No daré detalles... solo diré que casi habría sido preferible enfrentar a los efim. Aquellas beldades parecían humanas, pero en realidad no lo eran, sino bestias feroces con la engañosa forma de ángeles. Perdí a muchos otros hombres en medio del frenesí de la lujuria y la gula.

La lujuria de ellos...

Y la gula de ellas.

Cada día, cada instante pasado me costaba más hombres. Y ni siquiera había aún entrado en combate, ni visto al primer efim. Porque no me hacía ilusiones: tendríamos que enfrentarlos, tarde o temprano.

Pronto caminaban junto a mí apenas un puñado de soldados y supe que por siglos se cantaría el fracaso de aquella marcha pero no volví atrás. Eran pocos los guerreros que permanecían a mi lado, pero eran también los mejores, los más fieles, los que habían resistido a todas las astutas trampas y las malsanas tentaciones y hechizos de Ur la maldita.

Con ellos me sentía capaz de conquistar el cielo y hasta el infierno.

Pero incluso a ellos los fui perdiendo. Uno a uno.

A la séptima jornada el ambiente cambió. Y digo jornada

porque en realidad no teníamos noción del tiempo, nadie sabía si era día o noche. Los templos y los edificios eran tan altos que casi tapaban el cielo, y solo una tenue luz que parecía llegar de todas partes y a la vez de ninguna, marcaba nuestro camino.

Las bestias que habían fingido ser mujeres nos seguían, en silencio. Mil veces habría preferido que nos atacaran, antes que aquella ominosa, expectante presencia.

Quedábamos solo cuatro del gran ejército que había partido de Babel cuando llegamos a un inmenso espacio vacío en cuyo centro se alzaba un templo de columnas tan gruesas que no habrían cabido en la plaza mayor de nuestra ciudad, y tan altas que se perdían en el cielo.

No tenía techo, o no se le veía, de tan elevado.

Entramos.

Un cántico atonal parecía venir de todas partes. Eran miles de los odiosos sacerdotes de Tiamek, arrodillados ante el santuario y murmurando plegarias a su dios.

Y el aspecto de algunos no era del todo humano.

Uno de mis hombres desenvainó la espada y comenzó a acuchillarlos en un extraño frenesí de furia vengadora. Ninguno de nosotros trató de detenerlo, pero tampoco lo imitó.

Y es que no tenía sentido su furia. Los sacerdotes heridos caían al piso sin defenderse, sangraban y acto seguido se incorporaban y continuaban en su obscena letanía como si tal cosa.

Mató a decenas de ellos... en vano; no se defendían y volvían a alzarse, a seguir invocando. Hasta que el horror fue mayor que la furia, y el soldado cayó arrodillado, exhausto.

Cuando pudo ponerse de pie, volvió sobre sus pasos, aterrado, y los otros lo siguieron. Retrocedieron corriendo hacia la multitud de falsas mujeres semidesnudas que nos seguía desde días atrás, y que los absorbió como antes hiciera con sus infelices compañeros.

Ojalá puedan descansar en paz. Creo que la última expresión que vi en sus rostros fue de alivio; el hambre inhumana de aquellas bestias-mujeres era algo que podían entender.

En cambio, la pasiva incapacidad de morir de aquellos sacerdotes me aterró hasta a mí, lo confieso.

Solo que yo no me rendí. Yo era Nimrod, hijo de Cus, príncipe de Babel; así que, no sé si impulsado por la terquedad, el valor o las simples ansias de venganza, pero seguí caminando inexorable hasta el santuario.

Y ahora las mujeres-que-no-eran-mujeres ya no me siguieron.

El mar de sacerdotes se abría a mi paso, cerrando filas detrás de mí.

Al fin pisé los escalones y comencé a subir, hasta la cumbre, contándolos.

Aunque muy pronto perdí la cuenta de los peldaños. Tantos eran.

Fue un largo ascenso.

No sé si duró un día, una semana, un mes o un año. Llegué arriba exhausto, pero aún decidido a todo.

La sala en la cima estaba alumbrada por una luz cuyo origen era tan misterioso como la que me había guiado a través de las calles de la ciudad fantasma.

Lo primero que vi, en el centro de la estancia, fue un altar que era un lecho. Sobre él yacía una muchacha, a la que al punto reconocí como Mizraim. Aunque inmóvil, aún respiraba.

Quise tomarla y huir, pero una risa me detuvo. Y qué extraño fue escuchar aquella alegre carcajada en el lugar al que había acudido a luchar hasta el final, a dar o recibir muerte.

Tras el lecho había un hombre sentado en un trono, tomando parsimoniosamente uva tras uva de una gran fuente situada sobre un escabel a sus pies. Me miraba y saboreaba lentamente cada fruta, dejando caer al suelo las semillas.

Supe que era Tiamek. El Dios depravado. El señor de los efim. Mi archienemigo.

Señaló despectivo a Mizraim:

—¿Te la quieres llevar?, pues adelante, hazlo —me dijo, y su voz tenía las resonancias de la música—. Pero puedo darte mucho más que eso —se incorporó para acercarse a mí... y desconfiado, yo aferré la espada con tanta fuerza que me dolió—. No creo que eso sea necesario —sonrió—. No quiero hacerte daño. Pídeme lo que quieras y te lo daré. Te ofrezco todos los reinos del mundo y su gloria.

De repente vi innumerables naciones que me rendían pleitesía y legiones enteras de guerreros que conquistaban a sangre y fuego para mí nuevos territorios, mujeres y placeres innumerables.

—¿O prefieres el poder que da el dinero, la senda del mercader y el prestamista?

Ahora vi innumerables fuentes de las que brotaban arroyos de monedas de oro y brillantes piedras y hermosas espadas con hojas hechas de acerada luz y empuñaduras resplandecientes.

Entonces supe que no había sinceridad en su corazón y que intentaba engañarme y distraerme con meras ilusiones.

Y decidido a combatir treta con treta, empecé a acercármele muy despacio, manteniendo la boca y los ojos muy abiertos, como si el asombro colmara mi pecho.

Siguió mostrándome cosas, tentándome, y cada vez yo estaba más cerca.

Hasta que casi estuve a su lado. Lo detallé: tenía la figura de un hombre alto y rubio, atlético, pero no excesivamente musculoso. Los ojos de un azul frío, el cabello dorado... muy diferente a mi raza de hombres color del bronce con el pelo rizado y los ojos oscuros.

Era hermoso, pero no me engañaba. La maldad reptaba en su corazón, si es que un dios puede tener un corazón.

Me abrazó como un padre a un hijo, diciéndome:

—Nimrod, hijo de Cus... amigo mío; puedes tener lo que

quieras, mujeres bellas, ejércitos, riquezas, hermosos adolescentes... Solo arrodíllate y adórame.

Para el hombre moderno que de algún modo seguía siendo, aquella podría ser la solución perfecta a todos los problemas. Evitar el conflicto final de imprevisible desenlace. Negociar. Rendirse al poder superior. Cooperar con lo inevitable. Enriquecerme.

Pero el guerrero que había en mí no quería evitar, ni negociar, ni rendirse, ni cooperar, ni aceptar lo inevitable.

Solo quería venganza.

No obstante, por un momento hasta Nimrod vaciló, y lo sé porque yo también soy él.

Por eso sonreí, abracé al Dios Tiamek, y lo besé, le dije «¡que así sea!»... y entonces le clavé hasta el mango la acerada espada de Robram en la espalda.

Fue un golpe traidor, pero no me arrepiento.

Traicionar a un pérfido que había usado sucias ilusiones para vencerme no era deslealtad.

Súbitamente los muros cayeron y yo estaba en una habitación infinita, llena de innumerables paredes rojas, llamas a mi alrededor, pedazos de cuerpos por doquier, los gritos de los condenados quemándose eternamente y rodeado de los terribles efim y entonces pude ver la verdadera imagen de Tiamek...

Que es indescriptible. Porque él era todos los efim y a la vez ninguno, y todos los efim eran él, como todas las abejas son la colmena. Un amasijo amorfo de alas cartilaginosas, ojos imprecisos, pelos nauseabundos y garras agónicas que abarcaba todo el espacio frente a mí. Su voz provenía de todos los lugares o del interior de mi cráneo, no lo sé.

En ese momento me di cuenta de que la espada se había derretido en su carne y solo tenía en mi mano la empuñadura con dos cuartos de hoja.

Llena de rabia, aquella voz-que-no-era-voz me decía que era un estúpido hijo de hombres, un tonto que había desaprovechado la oportunidad de la inmortalidad y que por eso sería horriblemente castigado.

Y me sentí levantado por los aires y atado a algo de indescriptible color, como muchas luces y sombras y garras que me iban despedazando en pleno vuelo en medio de un olor pútrido. Los pedazos torturados de mi cuerpo caían a través del espacio, pero como por arte de magia siempre me regeneraba nuevamente para hacer más prolongado el sufrimiento; el fuego quemaba mi garganta y mis ojos perdían visión...

Pero ya sabía de qué pérfidos trucos era capaz el artero Dios Tiamek, para cuyo poder la realidad y la apariencia son solo dos caras de la misma moneda.

Por eso, en un esfuerzo supremo, alcé el trozo de espada que no había soltado y lo clavé con fuerza en el mismo centro de la sombra que me elevaba desgarrándome.

Con un alarido inhumano, Aquello me soltó. Y caí al vacío.

Largamente...

Cuando recobré el sentido estaba en el cuarto de Miguel. Lo miré, aún desfallecido... y supe lo que tenía que hacer.

Lo que no significa que fuese fácil, ni mucho menos.

Antes de que se despertara por completo, tomé su propio cuchillo y lo degollé.

No, no fue sencillo en absoluto. Habíamos sido muy amigos.

Al final abrió los ojos, me miró asombrado con aquellas pupilas en las que ya se veía la muerte y el fin. Juraría que aquella mirada postrera era también de agradecimiento.

No quiero pensar en la otra posibilidad.

En el suelo, entre los añicos de la vieja mesa que no había podido resistir más tiempo su terrible peso, la piedra seguía brillando tenuemente.

Ya sospechaba que nada en el mundo podría destruirla, pero de todos modos lo intenté. En vano, por supuesto. Cuando la volví a golpear por cuarta o quinta vez con el cuchillo ensangrentado, un fulgor extraño brotó de sus entrañas, partiendo la hoja de acero y derribándome, exánime.

Así me encontró la policía.

Escribo esto porque alguien tiene que hacer algo, y pronto. Ya. La piedra ha desaparecido, quizás haya vuelto al santuario subterráneo de Punta Gorda donde la tomó mi amigo. O a otro escondite cualquiera.

Ojalá que haya sido a otro...

Me preocupa lo que puede haber sido de los diarios y las notas del viejo Cuesta. Miguel nunca me dijo que los hubiera destruido, o al menos ocultado. Y sospecho que en Moa, en los claustros de esa terrible universidad aún sobrevive el culto oscuro a Tiamek. El antiguo ritual sigue allí, perpetuándose, creciendo bajo nuestra ignorancia inocente, tras el telón de inocentes estudios científicos de la Minería y la Geología.

Quizás aún no sea tarde... pero debemos de hacer algo ya si queremos que el horror perpetuo no se enseñoree sobre nuestro mundo.

El hospital no ha sido tan duro como me temía. El psiquiatra que me está tratando incluso se ha vuelto amigo mío y ya no me pone camisas de fuerza, al percatarse de que solo escribo y escribo, y que ya no me dan los ataques de antes. Si me porto bien y tomo todos los medicamentos, cada día hasta me regala varias hojas en blanco para que escriba mis «raras fantasías», como él las llama.

Pero es insistente, eso sí. Ayer me preguntó de nuevo por qué fue que maté en realidad a mi amigo... ¡Por Dios! ¿Cuántas veces se lo voy a decir?

La culpa fue de la serpiente alada sostenida en un puño que Miguel tenía tatuada en su brazo.

El mismo horrible dibujo que, grabado a fuego innumerables veces, yo jamás podría olvidar cómo adornaba el rostro de Robram, líder de los efim, el aterrador esclavo semihumano de Tiamek.

*"Porque nuestra lucha no es contra seres humanos, sino contra principados, contra las potestades, contra las fuerzas de este mundo tenebroso, contra las espirituales [fuerzas de la oscuridad] de maldad en el espacio."*

Efesios 6:12

## Invocación para resucitar al guerrero Asturkar, muerto por Tiamet[7]

Oh, tú Inmortal, aunque camines ahora por los senderos oscuros,
Oh, tú Guerrero de los justos, asesino de demonios,
    Oh, Tú que desandas por oscuros paramos con la grivnia en la boca,
    A ti te invocamos, en nombre de la Hermandad del Fuego,
    Nosotros, hijos de Sagarot, que hemos cabalgado por el hielo y las cenizas de íncubos.
    Nosotros guardianes de la espada y el fuego.
    Que hemos derrotado reyes y sacerdotes de Ishtar,
    La impura sangre derramada de Kingu sobre ellos.
    Que hemos conocido las artes y los metales, la espada y la flecha.

---

[7] Traducción libre de la invocación(M.A). Codex II.

Somos el alfa y le omega,
El hierro y la sabiduría,
La sangre y la leche.

Estuvimos juntos desde el Principio de los tiempos,
destruimos ciudades, Sodoma la grande, Isthur la de mercaderes,
Fuimos el graznido del cuervo y el aullido del lobo,
El sonido del tambor y el gemido del herido,
Nuestra sangre fue derramada en cientos de batallas,
Juntos lloramos y bebimos, juntos procreamos,
Somos los señores del metal, los enemigos de Tiamet,
Señores de íncubos, amantes de súcubos,
Por el poder dado por Sagarot, nosotros miembros de la Legión de los Aditas,
habitantes de Iram, la de las columnas plateadas, sin par
Nosotros te invocamos, Despierta oh Guerrero en las sombras, Flagelo de Amorritas y blasfemos caldeos,
Príncipe Asturkar, soberano de Tidnum la oscura, Azote de los hijos de Abraham.
Despierta de tu oscuro sueño
Despierta....

*1. A. L. M.*

*2 He aquí el libro que no ofrece duda; él es la dirección de los que temen al Señor;*

*2. De los que creen en las cosas ocultas y de los que observan puntualmente la oración y hacen larguezas con los bienes que nosotros les dispensamos;*

*3. De los que creen en las revelaciones enviadas de lo alto a ti y ante ti ; de los que creen con certeza en la vida futura.*

*4. Ellos solos serán conducidos por su Señor; ellos solos serán bienaventurados.*

Corán

## Vid'ma[8]

Yo no era exactamente un antropólogo por más que me consideraran así. Soy más bien un gourmet. Pero cuando me gradué de sociología me enviaron a cumplir el servicio social en la Universidad de Moa, un Centro de Altos Estudios situado en la zona más selvática y atrasada de Cuba. Una ciudad llena de antiguas construcciones soviéticas donde la locura es cotidiana y el alcoholismo endémico. Un puñado de edificios tipo Girón arrojados en el fango rojo, situados sin ningún orden urbano y constantemente amenazados por ser devorados por la selva que los rodea.

---

[8] **Vid'ma** (en ucraniano, Відьма) mujer con fuerzas sobrenaturales y las usa contra la gente, un bruja. Se considera que devora niños recién nacidos o de poca edad, agosta las cosechas y arruina la salud de los hombres. Soñar con una de ellas es símbolo de mala suerte.

Una ciudad situada entre Sagua de Tanámo, importante puerto fluvial durante la colonia española y Baracoa, donde está la cruz de parra, emblemático símbolo del triste descubrimiento del Nuevo Mundo. Un lugar donde la principal actividad económica es la minería y donde antiguas supersticiones se mantienen vivas en el imaginario de los mineros. Estos tienen por tradición que nunca se debe dejar bajar una mujer a una mina porque se derrumba con seguridad el techo de esta y que ella tiene la menstruación en ese momento el daño es doble e irreversible. Y lo argumentan con ejemplos de muertes de hombres que han fallecido en varios accidentes donde se encontraba presente una mujer. Existe cierta misoginia entre los viejos mineros de las profundas minas de cromo, un indiscutible rechazo a la mujer y algunas historias de brujerías que se murmuran entre ellos y que han pasado de padres a hijos en los últimos cien años. Son mitos que se salen de los cánones más tradicionales recogidos por Murray en 1921 en su excelente libro "Witch Cult in Western Europe" y que no tiene nada que ver con la idiosincrasia del cubano. Leyendas sobre brujas que sostienen tesis que ya Fraser hubiera querido destacar en sus libros. Una tradición de mujeres malditas que propugnaba la existencia de estas miles de años antes de Cristo, cuando las pirámides de Egipto aún no existían y los neardertales no habían comenzado su terrible guerra contra los homo sapiens. Alguna vez leí en el libro *Cath MaigheTuireadh Cunga*, en la parte de obras raras de la Universidad de Moa, la terrible historia de la conquista de Irlanda, de los normandos comandado por Richard Fitz Gilbert de Clare ayudado por las brujas, que solo le pedían a cambio pedazos de carne asada de niños. El tema siempre me ha apasionado y debo decir, con modestia, que yo había incursionado con una monografía donde correlacionaba algunos ritos del Palo Monte desarrollado por mujeres con el culto a la brujería en Europa medieval. Debo decir que al principio el rechazo de dicho artículo por parte de varias revistas cubanas de ciencias sociales me sumió en la tristeza. Pero ya no estaba afligido, porque al fin y al cabo los editores de estas publicaciones no me podrían quitar mis principales placeres: comer y leer.

Cuando comencé a trabajar en el departamento de antropología de la universidad de Moa me dediqué al estudio de las tradiciones mineras en la localidad, para determinar los mecanismos simbólicos que legitiman el alto consumo de alcohol en la comunidad minero metalúrgica de Moa, pero pude ver que en medio del entramado simbólico de tradiciones existían algunas prácticas oscuras que limitaban, con horror además, la vida pública de la mujer y no tenían nada que ver con el patriarcado como sistema social. Un conjunto de acuerdos tácitos masculinos que confinaban a las mujeres a sus casas, limitando su vida social a las esporádicas apariciones públicas de las compras caseras en el mercado agropecuario. Hablé de ellos con mi amigo Mario Andrés, que había estudiado filología eslava en Odesa y con el que compartía gustos librescos y culinarios y me dijo que ya él había hecho algunos estudios previos pero que el poderoso gremio de profesores de geología y minas había vetado en el Consejo Científico sus investigaciones por considerarlas anticientíficas y por tanto de escaso interés para la universidad.

Revisando antiguos documentos en la biblioteca de la universidad pude leer curiosos referentes a pretéritas historias de brujería en Cuba, como el caso de los juicios contra mujeres cubanas en la jurisdicción del Holguín colonial en el año 1872 acusándolas de brujería y de contubernio con los mambises publicado en **Historia de la Brujería en Cuba**, editada en la Habana en 1912; Las investigaciones del sociólogo mayaricero y profesor de Harvald, Doctor Arrom, en la década del 30 del pasado siglo sobre los casos personas cuyo rostro había sido deformado por las maldiciones que popularmente se llamaban "mal de ojo" en la bahía de Nipe; el espectáculo notorio de los habitantes de Moa quemando públicamente a una mujer en 1959 con el pretexto de que era una esbirra de la tiranía de Batista e impidiendo a los rebeldes que se entrometieran en el asunto y el caso curioso de los niños perdidos en 1974 que después se le atribuyó a los practicantes de Palo Monte del lugar y el posterior juicio contra estos. Lo cierto es que, pude constatar luego en las estadísticas de la policía, que la pérdida de niños en la región no era una hecho raro, en muchos casos se justificaban con los pozos insondables de las antiguas minas a cielo abierto que están abandonadas al norte de Moa y donde es frecuente que caigan animales que merodean por el lugar. Allí hay decenas de estos profundos abismos, que muchas veces están llenos de un agua oscura, herrumbrosa y custodiados apenas por un solo hombre; o el caso del tibaracón, que es una suerte de segmento de arena situada entre el río Cayo Guam y el mar, una franja húmeda y traicionera. He visto caballos hundiéndose en la arena hasta desaparecer completamente. Es un lugar que los pescadores evitan, pero excelente para bañarse, de arenas limpias y aguas traslúcidas: un lugar codiciado por los niños. Y por el tiempo en que yo llegué a Moa estos comenzaron a perderse con más frecuencia.

Quise continuar con mis investigaciones pero en todas partes hallé una resistencia no declarada, que no por sutil era menos fuerte y para desembarazarse de mí me enviaron por un mes al poblado de Punta Gorda, donde estaba situada una de las minas de cromo más insolubles de Cuba y donde la muerte es un asunto frecuente.

Allí se llegaba por caminos enrevesados entre montañas y una vegetación que desbordaba la carretera empinada que subía la montaña. Solo salía una guagua de Moa por la mañana y no circulaba de nuevo hasta el otro día de vuelta. El chófer era un tipo jorobado de dientes cariados y mal aliento. Cuando llegué fui a ver al delegado del poder popular y me hospedaron en una casa de visita.

Poco a poco me percaté de que me evitaban, primero con precaución, luego con terror manifiesto cuando llevado por mi antigua curiosidad pregunté por las brujas, porque era allí precisamente donde habían quemado la mujer en el 59. Un día yo estaba almorzando en el comedor obrero y se me acercó una camarera que servía la comida y que miraba con satisfacción como yo devoraba un muslo de pollo, ¿le gusta la carne?, me dijo, y en su voz noté un no sé qué énfasis que me decía que ella no estaba preguntando si me gustaba el aderezo que hacían allí, o esa parte del pollo: sino si me gustaba la "carne" en sentido general, cualquier "carne." Asentí mecánicamente y ella siguió limpiando las mesas con una sonrisa que supe maligna desde aquel instante. Por la tarde el Delegado se acercó a mí, me trajo un poco de tasajo en una bandeja y me lo comí agradeciéndole, y me dijo que él era carnívoro por naturaleza y que la carne y el pescado le gustaban muchísimo. Me lo comí todo y esa tarde me fui a dar un trago de ron al bar de la esquina. Toda la semana frecuenté el bar. Había allí un borracho sucio y barbudo que siempre estaba allí sentado y mirando el mar a lo lejos. Una tarde tenía el vaso vacío y se lo llené, me echó una mirada de agradecimiento y murmuró unas palabras que no comprendí. Recordé que alguien había comentado en mi presencia que él había sido un tremendo ingeniero en minas, graduado en la antigua república soviética de Ucrania, pero algo raro le había pasado y tenía tiempos en que alternaba la demencia y la borrachera.

De repente empezó a murmurar. Tuve que acercarme para escucharlo. Eran palabras entrecortadas en español y otro idioma que ahora sé que era un ruso arcaico, como el que hablaban los eslavos antiguos que vivían en Moscova y la región de Kiev. Decía que toda la maldición había llegado con los rusos y sus ancestrales creencias, el Consejo de Ayuda Mutua Económica, el malévolo Libro de los Mineros, la construcción de las fábricas de níquel y sus malditos ídolos.

A medida que iba avanzando en su narración yo no podía dejar de estremecerme y de mirar alrededor con aprensión. Estaba anocheciendo.

De repente se quedaba callado y gritaba en sollozos borrachos, Vid'mas malditas, babas yagas, protejan a los niños, sangre sangre, quémenlas quémenlas. Y acabó en un ataque de histeria. Yo no sabía qué hacer hasta que se aparecieron cinco hombres que parecía que estaban cerca por casualidad, lo ataron y se lo llevaron a rastras, uno de ellos se quedó curioseando por el lugar y comentó en voz alta que los locos deberían de estar en Mazorra y no sueltos por la calle, y antes de irse escupió con violencia en el piso y añadió: y los que se meten en lo que no les importa.

Esa noche dormí con una silla detrás de la puerta. Ya solo quería irme de allí. Con terror me di cuenta de que esos hombres no habían estado allí por azar. Era por mí. Me vigilaban. Pernocté mal y cuando desperté alguien me había tirado por debajo de la puerta cuatro hojas manuscritas arrancadas de una libreta escolar y bastante arrugada. Allí estaba escrita la historia de un alucinado: no puedo decirlo de otra forma y me lamenté después no haber conservado esas notas. Se describía un extraño culto con ritos antropofágicos que los soviéticos habían traído a Moa con sus ingenieros en minas y geofísicos que venían a asesorarnos en las explotaciones del níquel y el cromo; un culto ancestral que la Revolución de Octubre no pudo eliminar y que practicaba Fanni

Kaplan, la mujer que le disparó a Lenin en 1918. Una extraña religión que era anterior al culto norteño de Thor, anterior a los druidas del norte de Europa, una idolatría a una diosa madre primigenia que adoraba los sacrificios por encima de todas las cosas y el olor a sangre humana.

Era un religión que después degeneró en tradiciones populares como la baba yagá de los cuentos populares rusos recopilados por Afanasiev. Se la mostraba como una vieja huesuda y arrugada, de dientes de acero y una pierna normal y otra de hueso, mostrando así que tenía una parte de su cuerpo en el mundo de los mortales y otra en el mundo de los muertos por los cuales deambulaba constantemente y que a pesar de consumir grandes cantidades de carne siempre estaba huesuda. En las notas se daban ciertos consejos prácticos consejos que me parecieron un poco tontos, como estar bendecido o cuando la viera montada en su almirez tirar rápidamente un peine porque ella no podría aguantar la tentación de contar tres veces cada uno de sus dientes.

Ese día, cuando salí del cuarto, me sentía observado por todos, yo quería acabar mi trabajo de una vez. En el comedor elogié una vez más su forma de cocinar y me lo agradecieron. Me iba al otro día.

Hice el camino sin ningún esfuerzo y cuando llegué a la universidad entregué el informe y me fui a leer a Murray de nuevo. Ella sostenía en su tesis antropológica que las creencias paganas, orígenes de la brujería, iban desde el período neolítico hasta el período medieval, practicando en secreto sacrificios humanos hasta ser expuestos por las célebres cacerías de brujas, alrededor de 1450 D.C. Le comenté esto a Mario Andrés y me comentó que había leído en algún lugar que pesar de la forma sangrienta del culto descrito por Murray, este era atractivo por su punto de vista sobre la importancia de la libertad de la mujer, su sexualidad manifiesta y su resistencia a la opresión de la iglesia, y luego hizo una terrible comparación entre estas y las feministas actuales. Pero la antropóloga inglesa no mencionaba en ninguna parte el culto ruso.

Buscamos en **La Rama Dorada** y vimos que la estirpe eslava de la brujería no era más uno de los apéndices de una especie de culto mundial a un rey niño que constantemente debía ser sacrificado en el altar de la diosa, y deduje que ese absurda ofrenda era la que se estaba haciendo en Moa, con el beneplácito del poderoso gremio de ingenieros de ciencias de la tierra. Imaginé que objetivo ritual era que la Madre Tierra dejara que la siguiéramos explotando.

No voy a relatar aquí los vericuetos que sorteamos Mario Andrés y yo, ni nuestras búsquedas bibliográficas buscando la respuesta de ese culto maldito. Solo les diré que estábamos a la expectativa de que desapareciera un niño más, entonces descubriríamos a la bruja principal, a la reina, porque estábamos seguros de que actuaban en varias partes de las zonas cercanas a Moa y la mataríamos de la temible forma que había aconsejado Murray en su libro. No podíamos hacer un acto de fe quemándola públicamente pero sí podíamos clavarle en el pecho un clavo de hierro mojado en la clara de un huevo de tres días de puesto.

Esperamos con el corazón latiente hasta que desapareció el niño, hijo de una de las trabajadores de salud del municipio. Todos pensaron que había sido engullido por el tibaracón. Nosotros sabíamos que no y fuimos directo a la casa de la bruja, desde entonces sospechábamos de la mujer que hacía esa cacería de infantes, todos nuestras sospechas se encaminaban a una anciana rusa de labios rosados y encías enfermas que se había quedado casada en Cuba después de la caída del campo socialista y su marido cubano había muerto en circunstancias poco comunes, luego constatamos que ella hacía frecuentes viajes a los campos aledaños, con la justificación de buscar comida.

Vivía en una pequeña casa de madera y zinc pintada con agua de cal y que estaba al sur del barrio del pescado, un barrio insalubre donde la violencia es habitual y donde la policía no se atreve a entrar.

Rompimos el llavín de la puerta y entramos, era un habitación pobremente amueblada, con esos muebles de cabilla soldada que eran frecuentes en Cuba antes del Período Especial, un estante adornado con latas de cerveza vacías y un televisor Krim 218, revisamos hasta que hayamos una trampa disimulada en el suelo de tierra y que daba acceso a una especie de sótano. Y descendimos. Allí no había nadie, pero lo que sí notamos era una decena de pinchos alineados en la pared, como los que usan los matarifes, brillantes y ensangrentados, llenos de pequeñas cabezas afeitadas, manos y muslos de deliciosos niños. En el medio borboteaba un excelente guiso en una olla mediana que olía a la legua a cebolla frita, ajo y carne en salsa. Ya les he dicho que uno de mis placeres es comer, pero creo que nada he probado tan delicado como la mano de niño estofada que comimos esa tarde esperando a la bendita bruja que nos hacía la competencia.

*¿No has visto cómo ha obrado tu Señor con los aditas, con **Iram, la de las columnas**, sin par en el país, con los tamudeos, que excavaron la roca en el valle, con Faraón el de las estacas, que se habían excedido en el país y que habían corrompido tanto en él? Tu Señor descargó sobre ellos el azote de un castigo.*

Corán, 89: 6 - 13

# Los cocineros

Ahora solo puedo recordar con nitidez el espantoso olor a putrefacción de la cocina de la Universidad. Las otras evocaciones son fragmentarias, parciales. Pero no obstante no puedo dejar de mirarlos con aprehensión. Son taciturnos. Son reservados. Siempre están vestidos de un blanco impoluto, como los antiguos sacerdotes de alguna religión profana. Los sombreros, altos y níveos; las uñas, elegantemente cortadas. Siguen entrando de madrugada, poco después de la medianoche y se relevan por turnos: son los cocineros, la terrible y poderosa logia de cocineros de la Universidad de Moa. Y no puedo dejar de verlos como los seres fantasmales que miraba desde la penumbra mientras deshuesaban algo y serraban huesos y calentaban el agua en una olla eléctrica. Todo salpicado de rojo, sus manos ensangrentadas. Los odio.

Lo peor es que creo que ellos lo saben.

Ya sé V. que piensas que estoy medio loco. Sé que crees toda esa superchería del psiquiatra que me trató, ya sé que él opina que no debo de leer más libros de mitologías antiguas ni de terror; que debo quemar los libros de Ashton Smith y de Loveman. Él juzga que todo fue una fantasía mía causada por el cansancio de la noche y lecturas nocivas; me ha sido prohibida la lectura de *La Rama Dorada*, esa monumental obra que describe la magia negra y la nigromancia en el mundo occidental y donde pude hallar muchas explicaciones de lo que me ha pasado, pero amigo mío, esto no es antropología simbólica: esto es otra cosa. Míralos. Complacidos. Llenos. Todos en la universidad piensan que su delito es llevarse los restos de comidas para las gigantescas porquerizas que tienen en los sótanos de sus casas. Ya sé que se comenta que tienen un negocio vendiendo estos restos. Ya sé que se murmulla que allí crían seres humanos que han degenerado hasta no pararse en sus dos pies, hasta convertirse en cerdos como los compañeros de Ulises y Circe. Cerdos antrópicos que luego devoran en sus terribles aquelarres. Pero son rumores, no más que rumores. Lo que yo vi es lo cierto.

Mi sentido común aspiraría a que fuera mentira. Pero lo vi y luego lo he leído. Ellos forman una Logia, la terrible Asamblea que se menciona en el ***Libro de los Mineros*** que está en nuestra Biblioteca; ellos fueron excomulgados por Papías de Hierapolis, que descubrió por casualidad este horrible culto a la carne y a la Diosa Madre; llevados a la hoguera por Gregorio de Alejandría; en las Cruzadas los Caballeros Templarios tenían el poder de distinguirlos entre la muchedumbre de Jerusalén y los ajusticiarlos sumergiéndolos en aceite hirviendo, única forma de acabar con el demonio menor que vive en cada uno de ellos; por dios, que no estoy loco, prometo que no te hablaré más del tema cuando salgamos hoy del comedor, pero escúchame ahora, no sigas tomándote esa sopa y préstame atención.

Mira, la comida que se cocina en este comedor es famosa en el Ministerio de Educación Superior, nuestro Rector, alguna vez desde la tribuna, ha dicho con orgullo que es la universidad donde mejor se come en Cuba, y esto, en un país donde el hambre es endémica, dice mucho, es la verdad. Recuerdo que mencionó las últimas inversiones en la cocina, inversiones millonarias, para modernizarla y que los docentes y estudiantes comiéramos mejor. Todo estaba bien en principio y hasta yo creía en él: pero la primera pregunta que me formulé fue: ¿por qué invertir en la cocina y no en modernizar los laboratorios universitarios obsoletos construidos en década del 80 del pasado siglo con tecnología soviética? Se lo había comentado a alguno de mis colegas profesores y me dijeron que esa inversión estaba muy bien, que por algo había que empezar para arreglar esta mediocre Universidad.

Mira, fíjate en las ventanas de la cocina, mira la construcción, ¿la ves?, se distingue fácilmente desde aquí. Es inmensa. Muros de 2 metros de grosor. Pero no sabes toda la historia, a mí me ha costado trabajo pero la he construido de retazos de información. He preguntado. He revisado documentos de la administración y recortes de periódicos. El edificio había sido construido por los soviéticos con fines militares como la base de Lourdes, cuando la crisis de los misiles en la década del 60 del siglo XX y se comentaba que su sótano era un inmenso bunker antinuclear. Ahora es parte de la nevera donde se guardan los alimentos, la mortadela medio podrida que comemos, la carne deshuesada mecánicamente y los huevos. Si la miras con detenimiento te percatas que la construcción se diferencia en su estructura del resto de la universidad. La cocina se levanta en medio de las aulas y oficinas administrativas, fíjate bien en ese inmueble cuadrado, sólido, de pequeñas ventanas enrejadas y azotea amplia, donde izan todas las mañanas la bandera. Mira sus puertas dobles, hechas de un metal oscuro, allí todavía están los símbolos de las hoz y el martillo, un recuerdo de una época que ya no volverá. Pero no te engañes amigo mío: esos son los signos masónicos del diablo, son anteriores a la Revolución Rusa de 1917, anteriores a la toma de Roma por los hérulos de Odoacro, anteriores a Cristo. Son la encarnación de una religión extraña de hombres agricultores de la que solo nos han llegado leyendas de horribles holocaustos de niños degollados con la hoz, las manos aplastadas con un martillo de bronce. Y los cocineros eran sus sacerdotes, desde siempre, desde el inicio de los tiempos, cuando aún los hombres eran siervos de Tiamek, el Grande.

 La culpa de todo lo que ha ocurrido es de los ingenieros eléctricos de nuestra universidad. Tal vez si no hubieran seguido con sus experimentos científicos yo no me habría dado cuenta de nada y hubiera seguido inmerso en una ignorancia benigna. Los cocineros habían sido siempre muy cuidadosos con sus movimientos, pero puedo afirmar ahora que nada los vuelve más frenéticos que la sangre humana. Han sido muy perseguidos como te he dicho anteriormente, por los sumerios, los cartaginenses y luego por el terrible brazo inquisidor de la iglesia católica. Por eso se manteníaviejan en la oscuridad. Pero salieron de su anonimato por culpa de los ensayos que tenían los profesores universitarios de ingeniería eléctrica sobre el ahorro energético del horno crematorio del hospital, y ellos, ¡malditos sean una y mil veces!, construyeron al lado de la cocina un horno a pequeña escala para probar la hipótesis de una tesis doctoral y se pusieron a quemar unos pocos cadáveres allí. Todos los días. A todas horas. Eso fue al principio. Luego cuando se rompió el horno del hospital las cantidades de occisos cremados aumentaron, fue una petición del hospital hasta que arreglaran el suyo, pero nadie en la universidad se percató de eso ni se quejó. Parece ser que el ingeniero que lo ideó tenía razón en algo: el humo que salía por la chimenea del horno era tenue y azul, nada de lo que teníamos pensado como humo de crematorio: oscuro y apestoso. Luego nos informaron que se mantendría un largo tiempo por un convenio entre salud pública y la universidad. Son necios. Recuerda la Biblia donde ya se menciona como quemaban niños dentro de una estatua de bronce del dios Baal, hijo de Él, padre de todos los dioses, "Antes pusieron sus abominaciones en la casa en la cual es invocado mi nombre, contaminándola. Y edificaron lugares altos a Baal, los cuales están en el valle del hijo de Hinom, para hacer pasar por el fuego sus hijos y sus hijas a Moloc; lo cual no les mandé, ni me vino al pensamiento que hiciesen esta abominación, para hacer pecar a Judá", eso decía Jeremías y nosotros se lo pusimos en bandeja de plata.

Supongo que mis horrores se desencadenaron cuando la policía fue a indagar en la Universidad sobre un estudiante extranjero de Senegal. Lo acusaban de haber hecho abortar a su novia y de haber tirado el bebé a la basura. El vigilante que estaba de guardia detrás del edificio donde dormían los estudiantes extranjeros solo vio un bulto lanzado en la basura y que se desgarraba en lamentos. Fue a buscar a su jefe y cuando regresé no había nada, por lo que supusieron que alguien se lo había llevado. Después, cuando le pregunté que por qué había pensado que el bulto no fuera un perro o un gato moribundo, me dijo que sus sonidos eran humanos y que seguramente alguien se los había llevado para borrar las huellas.

Ya sabes cómo soy de curioso, cuando la policía se marchó fui a mirar entre la basura. Había de todo tipo, realmente fui a observar a ver si hallaba algo relacionado con el crimen, pero cuando alcé la vista no pude dejar de estremecerme: ante mí estaba la titánica construcción de la cocina- comedor. Y había un camino desde la maleza cercana hasta allí, un trillo que solo toman los cocineros y sus adiestrados, personas que venían a comprar los desperdicios del comedor para sus cerdos. No sé qué extraño instinto me hizo aventurarme por allí. Fuera del comedor había huellas de garras en el piso, restos sanguinolentos de animales y plumas, muchas plumas. ¿Por qué tantas plumas cuando el pollo que nos comíamos venía congelado?, esa fue la primera pregunta de las muchas de las que me hice antes de arriesgarme a entrar esa la noche en la cocina.

Seré breve y conciso porque te veo bostezando y además la sopa se nos está enfriando: hay horrores que nuestra subjetividad quiere olvidar a toda costa para preservar la cordura; tú siempre has querido convencerme de que lo que vi fue un juego de luces y formas. Y yo lo he creído: sospecho que es la mejor solución. Pero esa noche yo estaba de guardia en la universidad, cuando me pidieron permiso para que firmara el libro de entrada al local donde estaba el horno de los ingenieros eléctricos. Iban a cremar el cadáver de una muchacha muerta, la miré por curiosidad: joven, rubia, sus ojos color aguamarina. Firmé el libro y me fui a conversar de fútbol con el jefe del turno de guardia de seguridad. Todo comenzó en la segunda ronda de la noche, de madrugada, donde tenía que supervisar las cochiqueras y la parte del basurero. Iba caminando, ensimismado en mis ideas y soplándome las manos, hacía frío, cuando los vi. Iban en una fila blanca llevando algo al comedor. Y detrás iban unos perros grandes. Inmensos. Entraron con su carga.

Me acerqué y empujé la puerta: estaba abierta. El pasillo estaba en penumbras y dentro de la cocina tampoco había mucha luz. Me acerqué en silencio, a esa hora me vendría bien un pedazo de pan y un vaso de yogurt de soya, a ver si les quedaba. De repente un golpe de viento abrió la segunda puerta de la cocina y los vi. Fue solo un instante: un montón de cuerpos gordos, blancos, desnudos, sudados, esgrimiendo hachas y cuchillos alrededor de una mesa de aluminio llena de carne que iban cortando y echando a una olla inmensa, la sangre salpicándolo todo. Tal vez todo hubiera estado bien y no me hubiera asombrado el canto atonal que se escuchaba todo el tiempo, ni que estuvieran sin camisa y en paños menores. Tampoco hubiera pensado que era raro ver a uno de los cocineros tocando un tambor batá, por favor cada cual tiene sus hobbies. Lo peor fue ver varios seres llenos de plumas y tentáculos que parecían perros rottweiler, correteando por toda la habitación, llenándolo todos de una saliva sanguinolenta, aullando y merodeando alrededor de la mesa cazando en el aire los pedazos de carne que le arrojaban sus dueños. Te digo aullando pero no es así, *sus sonidos eran bastante humanos, gritos estentóreos como los de un niño recién nacido, como el gemir de un moribundo.* No eran de este mundo, con sus ojos rojizos y sus crestas de gallo coronando sus cabezas humanoides, llenas de plumas y ojos. Y de repente el olor pútrido me llegaba con más fuerza, penetraba con violencia en los pulmones, el canto atonal iba incrementándose y sentí que me habían visto, me miraban, leían mi alma y sus ojos rojizos querían decirme algo. Me conoces: soy cobarde. No esperé el mensaje de esas infernales criaturas que ya se abalanzaban sobre mí, eché a correr

Ya sé que crees que es una alucinación, pero te lo juro: esos seres se parecían a los entes que se describen en el terrible Libro de los Mineros: los terribles efad, mascotas domésticas del Dios Tiamet, el dios hermano de Tiamak, mencionada en el poema babilónico Enûma Elish. Allí se dice también que las almas de los niños muertos en los sacrificios se hallan prisioneras dentro de los cuerpos de esos seres. ¡Maldito Tiamet!, gustoso de holocaustos infantiles niños, adorado por los ungidos amorritas; malditos efad, entes convertidos por los griegos en canes cerberos. Y no me vuelvas a decir, como en el hospital, que lo que vi era unos perros comiéndose unos huesos en la cocina. No te voy a contar más, no me crees, y lo demás lo sabes: me hallaron desmayado cuando amanecía, detrás del Edificio de los extranjeros, y los médicos dijeron que me había subido la presión y que me había provocado el desmayo. Soy un hombre viejo pero no loco, al menos no todavía y sé perfectamente cuando me siento mal.

Ahora han pasado unos días y casi lo he olvidado todo, pero no logro quitarme muchas cosas de la cabeza. Cuando me hallaron no encontraron nada raro alrededor de mí, lo pregunté, pero aún hoy no logro explicar las plumas negras sanguinolentas regadas por todo el lugar. ¿De dónde salieron?

Ya casi termino. No lo contaré a nadie más, porque quiero olvidar todo, pero hay pequeños detalles que me hacen recordar que ellos están allí, observándonos y, lo peor, cocinando algo incesantemente. Esta sopa de pescado está excelente. Ya sé que tiene muchas condimentos que no me gustan, pero por favor V., te lo pido por última vez, no trates de convencerme de nuevo sobre el origen de este ojo que saqué del caldo y ahora está en el borde del plato, sí, ya me has dicho que es de un pez gato y que si no lo quiero a ti sí te gustan. No dejaré que te lo comas, ¿¡por qué no me escuchas!?

Míralo bien, soy viejo y loco, ya me lo has dicho, pero hay algo de lo que tengo una profunda certeza: no existen pez gatos con ojos azules como este, al menos que yo sepa.

*"A mi parecer, no hay nada más misericordioso en el mundo que la incapacidad del cerebro humano de correlacionar todos sus contenidos. Vivimos en una plácida isla de ignorancia en medio de mares negros e infinitos, pero no fue concebido que debiéramos llegar muy lejos. Hasta el momento las ciencias, cada una orientada en su propia dirección, nos han causado poco daño; pero algún día, la reconstrucción de conocimientos dispersos nos dará a conocer tan terribles panorámicas de la realidad, y lo terrorífico del lugar que ocupamos en ella, que sólo podremos enloquecer como consecuencia de tal revelación, o huir de la mortífera luz hacia la paz y seguridad de una nueva era de tinieblas."*

*L.*

# LIBROS RECOMENDADOS
¡Pídelos en tu librería habitual!

ALERTA Z: ÉBOLA

CUANDO ES AMOR LAS
MARIPOSAS NUNCA MIENTEN

EL PROTECTOR

DURMIENDO EN TU MANO

EL PENITENTE

MUNDO PARTIDO

POTRO 67

LAS DOCE PUERTAS

LAS ASOMBROSAS AVENTURAS DE PABLO

www.egarbook.com

www.ingramcontent.com/pod-product-compliance
Lightning Source LLC
Chambersburg PA
CBHW061449040426
42450CB00007B/1284